ALMA DIGITAL

Digitalização da Mente, Consciência virtual e Esperança de Ressurreição

Ludger Jansen • Rebekka A. Klein (Org.)

ALMA DIGITAL

Digitalização da Mente, Consciência virtual e Esperança de Ressurreição

EDITORA
IDEIAS & LETRAS

Direção Editorial
Edvaldo M. Araújo

Conselho Editorial
Fábio E. R. Silva
Jonas Luiz de Pádua
Márcio Fabri dos Anjos
Marco Lucas Tomaz
Orlando Augusto Silva Cassiano

Preparação
Andresa Mariana

Revisão
Daniel de Vasconcelos Andrade

Tradução
Márcio Fabri dos Anjos

Diagramação e Capa
Airton Felix Silva Souza

Título original: *Seele digital: Mind Uploading, virtuelles Bewusstsein und Auferstehungshoffnung*
© 2022 Verlag Friedrich Pustet
ISBN 978-3-7917-3365-4
Regensburg Gutenbergstraße 8 | 93051 Regensburg Tel. 0941/920220 |
verlag@pustet.de

1ª impressão

EDITORA IDEIAS& LETRAS

Avenida São Gabriel , 495
Conjunto 42 - 4º andar
Jardim Paulista – São Paulo/SP
Cep: 01435-001
Televendas: 0800 777 6004
vendas@ideiaseletras.com.br
www.ideiaseletras.com.br

Dados Internacionais de Catalogação na Publicação (CIP) de acordo com o ISBD

A444 Alma Digital: Digitalização da Mente, Consciência virtual e Esperança de Ressurreição / organizado por Ludger Jansen, Rebekka A. Klein ; traduzido por Márcio Fabri dos Anjos. – São Paulo : Ideias & Letras, 2024.

208 p. ; 16cm x 23cm.
Tradução de: Seele digital
Inclui bibliografia.
ISBN: 978-65-87295-64-0

1. Tecnologia. 2. Inteligência Artificial. 3. Alma. I. Jansen, Ludger. II. Klein, Rebekka A. III. Anjos, Márcio Fabri dos. IV. Título.

CDD 006.3
2023-3748 CDU 004.8

Elaborado por Odilio Hilario Moreira Junior - CRB-8/9949

Índices para catálogo sistemático:

1. Inteligência Artificial 006.3
2. Inteligência Artificial 004.8

Sumário

Agradecimentos

As contribuições reunidas neste volume são fruto de um estudo sobre o tema "Alma digital? Digitalização da mente e consciência virtual", desenvolvido na Univ. Ruhr Bochum (Alemanha), patrocinado pela Faculdade Teológica Protestante. Alunos das Faculdades Teológicas Protestante e Católica de Bochum participaram presencialmente dos debates e diálogo.

Nossos agradecimentos aos colaboradores deste volume, que se engajaram em um intenso processo de discussão conjunta e intercâmbio redacional de seus temas e pensamentos; e disponibilizaram suas contribuições para este volume na forma atual. Junto com os apresentadores do estudo realizado, participaram também Jobst Landgrebe e Barry Smith, os dois editores, que trouxeram significativas contribuições ao volume. Aos assistentes da Cátedra de Teologia Sistemática/Ecumenismo e Dogmática em Bochum, Sra. Maria Nisbach, Sr. Sung Kwon Kim, Sr. Philipp Karkutt, Sr. Antti Lück, Sr. Tristan Scheel, Sra. Paula Sandkuhl e Sra. Vivien Mulaj, também a vocês os bem merecidos agradecimentos de todos nós.

Ludger Jansen; Rebekka A. Klein, 2022

Agradecimentos

Apresentação à Edição Brasileira

A condição inventiva e artificiosa do humano, razão de todo desenvolvimento tecnológico, chega aos nossos tempos de modo avassalador e fascinante. Mal conseguimos acompanhar as novidades que pululam através de resultados de pesquisa e anúncios de conquistas científicas iminentes, além de constantes ofertas de novos aparelhos e aplicativos. Entretanto, é um fato que nos inventos e descobertas também nos reinventamos e descobrimos. Nisso vai um desafio fundamental para nossa autonomia e consciência ética: sustentar um conhecimento mínimo sobre o que se passa conosco. Do outro lado, a velocidade dos fatos e o empolgamento com seus atrativos não favorecem um clima de reflexão madura em meio à sucessão de impactos.

"Inteligência artificial" é expressão que entra no imaginário popular por uma conceituação imprecisa sobre suas formas de se constituir e atuar; e consequente desatenção a seus impactos diretos sobre os seres humanos. Mas persistem esforços de reflexão, mesmo que interesses político-econômicos, aliados a negacionismos científicos, se articulem para ignorar suas ponderações e propostas. Há que se reconhecer o empenho pelo empenho de marcos regulatórios que defendam direitos humanos fundamentais em práticas e comportamentos no atual contexto tecnológico social. Em *Recomendação sobre Ética da Inteligência Artificial*,[1] em sentido mais preciso que chamamos de "generativa", a UNESCO aponta onze diferentes áreas de incidência política sobre as quais se preocupar. E reconhece que a longo prazo, podem advir interferências drásticas sobre linguagem e cultura, entre outras.

---

1 UNESCO. *Recomendação sobre ética da inteligência artificial* (2022). Disponível em: https://unesdoc.unesco.org/ark:/48223/pf0000381137_por

Entretanto, os frutos do desenvolvimento científico que colhemos hoje, incluindo seus grandes desafios éticos, resultam de um longo processo evolutivo do conhecimento e da práxis. Em outros termos, a inteligência artificial não é uma descoberta uniforme nem repentina, mas emerge em nossos tempos como resultado de uma longa gestação. Gestação que significa também uma revolução silenciosa do próprio ser humano, na medida em que ele se transforma pela interação com seus inventos e instrumentos. No comando desse envolvente processo se alojam demandas e inquietações existenciais profundas do ser humano que vêm se arrastando através da história da Humanidade. A origem da vida, origem e constituição do humano, seu lugar no cosmos e no tempo, seus desafios em superar fragilidades de todo tipo, e o inquietante enigma de sua morte são algumas das decisivas interrogações que provocam a busca pelo conhecimento e desenvolvimento técnico. O fascínio pelas técnicas e suas benesses tende a ofuscar uma percepção mais clara sobre as questões antropológicas de fundo que estão em jogo com o desenvolvimento tecno-científico.

A transformação silenciosa do humano teve um salto decisivo através de uma reinterpretação do hilemorfismo aristotélico, segundo a qual os seres existem pela necessária conjunção de "matéria" e "forma/essência". Base do pensamento tomista medieval, o hilemorfismo justificava a superioridade do conhecimento ancorado nas essências dos seres. Mas apoiado pelo pensamento helênico, Tomás de Aquino (1225-1274) reconhecia que "nada há no intelecto que não tenha passado pelos sentidos".[2] Esta condição experiencial do intelecto foi provocativa para G. Ockham (1287-1347) descobrir a insuficiência prática do conhecimento por essências na diferenciação dos seres, e propor um modo de conhecer mais elucidante, que ele nomeou como "ciência moderna": um conhecimento através de observação e análise dos fenômenos decorrentes dos seres. Indiretamente abria a possibilidade de quantificar áreas intangíveis do

2 Tomás de Aquino. *Quaestiones Disputatae de Veritate*. Q.2, a.3, arg.19.

espírito humano. Cresce, a partir daí, a importância da Matemática e das ciências chamadas hoje de "Exatas". Os desdobramentos dessa forma de conhecimento geram o desenvolvimento tecnológico ainda em expansão que conhecemos. Fascinante e insaciável diante da complexidade do universo de seres. Somando descobertas e construindo instrumentos que imprimem maior velocidade e precisão nas pesquisas, tem-se a impressão de estar chegando a hora de solucionar o enigma da esfinge que há muito ameaça devorar o ser humano. Com a possibilidade de quantificar as áreas sensíveis do humano que expressam seu lado intangível, sua mente, consciência e liberdade, o humano científico se vê com poder de dominar o humano integral. É assim que em nossos dias os sistemas digitais de aprendizagem profunda, a inteligência artificial hoje, resultam de um longo processo de profundas transformações.

Estão fora de dúvida os ingentes benefícios que dele resultam. Mas aqui o foco se dirige sobre as transformações do "humano" ao se municiar de instrumentos aparentemente mais poderosos e eficientes que ele próprio. No amplo espectro dos impactos desse processo, fica difícil até simplesmente nomear as áreas que, segundo a citada recomendação da UNESCO, "despertam preocupação"; áreas onde o uso dos novos recursos se presta ao abuso; onde demandam repensar a equidade na reorganização das relações sociais; onde urge estabelecer marcos regulatórios para a garantia dos direitos e inibição das violações; onde se abrem exigências de prevenção sobre danos futuros; e onde valores essenciais ao humano se põem a perder.

O foco mais preciso aqui em jogo se refere à própria constituição do humano ameaçada, quando se leva a sério a expressão paradoxal de pós-humano, pronunciada por muitos como um canto de vitória. Seria essa uma simples expressão de reforço sobre a condição do humano em ser um constante "pós" devido à historicidade do seu processo vital, com liberdade inclusive para ser inumano ou até decretar sua morte?[3] Ou

3 KAHN, A.; LÉCOURT, D. *Bioética e Liberdade*. São Paulo: Ideias & Letras 2007, p. 57-89.

seria "pós" pela substituição ou eliminação absoluta de características profundas do constitutivo humano, consideradas indesejáveis?

A esse ponto vale lembrar muitas análises que em décadas passadas já apontavam a gradativa transferência de prerrogativas humanas para os instrumentos, deixando se guiar por uma "razão instrumental"[4] mais eficiente e precisa; o deslocamento da interioridade para a exterioridade, determinando uma "era do vazio",[5] onde tudo vai se tornando "líquido"[6] e de "consumo"[7] imediato, com prejuízo do pensar e cultivar valores consistentes. Mais recentemente se alerta sobre um crescente processo de "demência digital",[8] perceptível em nós próprios e em novas gerações, ao delegar maciçamente para máquinas muitas áreas de nossa capacidade de pensar e atuar, certamente sob o efeito de fascínio e resignação de que estamos sendo superados por elas. Promessas mais recentes indicam sistemas artificiais criativos de obras de arte. Outras apontam já um sucesso em provocar vida embrionária a partir de células-tronco com dispensa de gametas e de útero humano, substituído por útero artificial, desenhando assim um futuro de geração humana executada por sistemas de IA. Estamos diante de um sonho fascinante, ou de um trágico pesadelo?

Esse dilema nos remete às questões existenciais de fundo mencionadas acima. As desafiadoras fragilidades da condição humana, os encargos da relacionalidade pela qual receber, transmitir e potencializar o viver, a própria corporeidade situada no tempo, no espaço, cercada de experiências e interações, tudo isso formaria um conjunto opcional e mesmo dispensável,

---

4 Por exemplo, desenvolvida por expoentes da Escola de Frankfurt.

5 LIPOVETSKY, G. *A Era do Vazio*. Lisboa: Relógio D´Água, 1988.

6 Cf. entre várias outras obras desse autor, particularizadas sobre esse conceito: BAUMAN, Z. *Modernidade Líquida*. Rio de Janeiro: Zahar, 2001

7 Cf. BARBOSA, Livia. *Sociedade de consumo*. São Paulo: Editora Schwarcz-Companhia das Letras, 2004.

8 SPITZER, Manfred. *Digitale Demenz. Wie wir uns und unsere Kinder um den Verstanden bringen*. Taschenbuch, München: Droemer Kanaur, 2014. [Demência Digital. Como nós e nossos filhos pomos a perder a nossa mente]

em troca de outra versão do si mesmo, que se diria imortal ou ressuscitada. Foi-se o tempo em que discursos desse tipo se chamavam de ficção científica. Hoje estamos diante de sinais palpáveis de realizações e tendências que vão se efetivando.

A obra *Alma digital: Digitalização da Mente, Consciência virtual e Esperança de Ressurreição* é uma contribuição rara e de enorme valor pela decidida opção de analisar as questões de fundo subjacentes à inteligência artificial de aprendizagem profunda (*deep learning*) referente ao ser humano. A excelente introdução de Ludger Jansen e Rebekka A. Klein mostra a rigorosa argumentação multidisciplinar na abordagem às questões, e como se entrelaçam desafios de viabilidade técnica com a sustentabilidade de características constitutivas do ser humano em pauta. O método analítico argumentativo da obra garante a isenção racional necessária para tangenciar conceitos como alma, ressurreição e imortalidade sem deslizar para um discurso religioso. Trata-se de uma obra de inestimável valor em nosso contexto brasileiro, e latino-americano de modo geral. Alimenta uma reflexão robusta sobre os valores do humano que estão em jogo com a IA, e fomenta o empenho em construir formas de usufruir, com proveito, o privilégio de podermos viver e interagir nesses tempos de efervescência tecnológica.

Márcio Fabri dos Anjos
Filósofo, teólogo e bioeticista.
Professor emérito da PUC-SP

INTRODUÇÃO
Alma Digital: vida eterna no computador?

Ludger Jansen e Rebekka A. Klein.

1. Perguntas, problemas, perspectivas

A imortalidade já era um fascínio na antiga Babilônia: o épico de Gilgamesh, do segundo milênio a.C., conta como o herói homônimo se esforça e se arrisca para superar sua mortalidade. Quando ele finalmente recupera a erva da eterna juventude do profundo oceano subterrâneo, ela é comida por uma cobra. A cobra muda de pele e rasteja para longe enquanto Gilgamesh não fica com nada. Ele terá que garantir a eternidade através da glória póstuma de grandes feitos. Ainda hoje as pessoas sonham com a conclusão bem-sucedida do projeto Gilgamesh. A escolha dos meios certamente mudou. Os épicos de hoje falam da realização da imortalidade por meio da tecnologia, da sobrevivência com a ajuda do computador, da digitalização da mente humana.

Mas é possível alcançar a vida eterna usando a tecnologia? O espírito de uma pessoa pode ser salvo como uma estrutura de dados dinâmica e assim ser preservado como uma unidade funcional além do corpo transitório? É concebível uma existência pós-humana que permitiria aos humanos viverem além dos limites estabelecidos pela biologia? Utopias técnicas como a digitalização e carregamento da mente, ou seja, a transferência de estados mentais do cérebro humano para um meio de armazenamento digital, agora não são apenas uma ficção na literatura e no cinema, mas também um objetivo levado a sério por cientistas da computação e empreendedores de tecnologia. Já está havendo intensos trabalhos de pesquisa no desenvolvimento de interfaces funcionais entre humanos, programas de computador e máquinas, bem como no desenvolvimento de mídias de armazenamento digital destinadas a registrar a vida humana em tempo real.

O tema não se limita à questão empírica e técnica da viabilidade de tal projeto. Filosoficamente, pode-se perguntar se o projeto é conceitualmente concebível, coerente e metafisicamente possível – ou seja, senão por razões técnicas, mas por razões de princípio, que estão na própria natureza da coisa, está fadado a falhar: tal projeto pode ser incompatível com certas ideias de individualidade humana e identidade pessoal; então, ou o projeto deve falhar, ou essas noções de identidade pessoal devem ser descartadas ou alteradas. É necessário perguntar também como o projeto de digitalização da alma humana deve ser avaliado do ponto de vista ético. Pode realmente fazer sentido ou mesmo ser desejável que pessoas desistam de sua existência física e busquem novas maneiras de realizar suas capacidades mentais ou potencialidades da alma? Finalmente, surge a questão de como o projeto de digitalização e carregamento da mente (*mind uploading*) está sociologicamente inserido na atual digitalização da sociedade e como ele se relaciona com as interpretações religiosas da vida, como a esperança cristã de ressurreição e vida eterna.

Mas principalmente devem ser criticamente discutidos os pré-requisitos antropológicos para o projeto de digitalização e transferência da mente. Pois pesa a suspeita de que o discurso sobre uma digitalização da alma esteja de mãos dadas com um erro categórico, na medida em que se subentende uma semelhança, por um lado de entidades como a alma humana, a consciência humana ou o espírito, e por outro, que ela se resolva pela instalação de uma mente digitalizada, ou seja, um conjunto de armazenamento de dados. É obscuro como a noção de digitalização da alma possa abordar aspectos da identidade, personalidade, individualidade e relacionalidade da vida humana. Pelo contrário, a visão de digitalização da mente sugere o cancelamento tecnológico ou superação da existência mortal humana, retomando indiretamente um dualismo antropológico entre corpo e mente que muitos há tempo acreditavam ter sido superado. Pois a ideia de que a natureza humana é adequadamente capturada pela simulação digital de processos cognitivos parece negar a percepção filosófica essencial de que a experiência corpórea é necessária para se desenvolver o espírito, ou em outros termos, a interação entre processos físicos e mentais é constitutiva para o desenvolvimento da vida humana.

2. As contribuições deste livro

Tendo como pano de fundo essas diversas indagações e pontos de discussão, os estudos reunidos no presente volume buscam explorar as possibilidades e os limites do projeto de digitalização da alma a partir de várias perspectivas disciplinares e metodológicas. Os capítulos cobrem todas as questões que acabamos de mencionar. Muitos deles abordam várias dessas questões, mas em geral se concentram mais particularmente em um ponto central delas. Um primeiro conjunto de contribuições (Jansen, Gasser, Landgrebe e Smith) aborda questões sobre a viabilidade da digitalização da mente, tanto como possibilidade metafísica de tal projeto (Jansen, Gasser) quanto sua inviabilidade técnica (Landgrebe e Smith).

A série de televisão *Upload* é o ponto de partida para o capítulo de Ludger Jansen "Eu e Eu mesmo digitalizado". Um cenário como o apresentado nesta série é realmente possível? Para responder a essa pergunta, Jansen distingue entre questões de possibilidade técnica e questões metafísicas. Para discutir a questão da viabilidade técnica, Jansen pergunta primeiro em que fontes se baseia a ideia de que a consciência humana pode ser digitalizada. Dois elementos desempenham nisso um importante papel, a saber, o conceito de previsibilidade de Alan Turing, desenvolvido pelas chamadas máquinas de Turing, conhecido como teste de Turing; e o funcionalismo na filosofia da mente, sucessor do behaviorismo. Jansen argumenta que seria presumivelmente possível programar um computador para simular a digitalização e o carregamento do comportamento de um ser humano. Mas permanecem ainda questões metafísicas: esse computador teria então uma consciência? E isso seria a consciência daquele ser humano digitalizado? Jansen mostra que há boas razões para responder negativamente a ambas as perguntas.

Em seu estudo "Transferência do meu Eu? Reflexões teóricas sobre identidade na digitalização da mente e existência virtual", Georg Gasser assume uma posição mais otimista. Gasser pergunta primeiro se um ego pensante é realmente comparável a um programa de computador. A ideia de que processos cognitivos funcionariam como programas digitais é bastante difundida. Por exemplo, o Projeto LifeNaut dos EUA está oferecendo a geração de um arquivo mental que permitirá ao ego humano ser transferido de seu corpo frágil para portadores mais duráveis. Isso pressupõe que o espírito humano pode ser carregado em diferentes aparelhos (*hardware*) como um programa de computador (*software*) e baixado de lá novamente e que, em última análise, isso é apenas um problema técnico de implementação. Diante de tais ofertas, modos de falar e de práticas, Gasser se pergunta que tipo de existência espiritual do ser humano eles imaginam se isso puder ser considerado correto. Em sua argumentação, ele se orienta primeiro por uma teoria estritamente funcionalista da consciência, como a desenvolvida na filosofia da mente. Ao fazer isso, Gasser parte da premissa de que o espírito humano sempre precisa de um portador material, mas que este não precisa ser idêntico ao corpo biológico e que esse mesmo corpo, portanto, não tem função de criação de identidade para o ego humano. Sobre a questão de saber se uma cópia digital do ego humano pode realmente copiar ou simular a identidade de uma pessoa, Gasser distingue as possibilidades e limites desse empreendimento em vista de indispensáveis critérios para a identidade numérica, a identidade qualitativa e a continuidade psicológica da consciência, e chega à conclusão de que a preservação da identidade numérica se mostra difícil em determinados cenários, enquanto a persistência de continuidade psicológica é uma opção realista e deveria ser suficiente para as necessidades humanas ao longo de sua existência no tempo. Por fim, Gasser discute as objeções à teoria funcionalista da consciência e valoriza particularmente a teoria da corporificação do espírito como digna de consideração, uma vez que fornece evidências de que a consciência humana é constituída por processos biológicos e não pode continuar a existir sem eles.

Enquanto Jansen e Gasser discutem principalmente os problemas metafísicos da digitalização da mente, Jobst Landgrebe e Barry Smith argumentam que tal projeto deve fracassar apenas por razões técnicas. Em sua contribuição "Imortalidade 2.0", eles listam uma série de razões pelas quais o cérebro é muito complexo para ser simulado digitalmente. Isso inclui o fato de que a mente está inseparavelmente ligada ao corpo e ambos formam um complexo continuum corpo-alma do qual emergem a consciência e todos os fenômenos baseados nela. Um sistema assim tão complexo não pode ser modelado matematicamente e não pode ser entendido de modo causal. Por serem os computadores nada mais que máquinas de Turing, eles só podem calcular modelos matemáticos e, portanto, o continuum humano "corpo vivo-mente" nunca pode ser substituído por um computador. Landgrebe e Smith explicam que o desejo transumanista de que atingir uma existência digitalizada possa ser realizado é tirado genealogicamente de correntes individualistas e subjetivistas na história das ideias e mentalidades. Pela fixação na consciência individual perde-se de vista que esta depende de um corpo, cuja complexidade capacita o espírito, mas que também impede o espírito de atuar sem ele.

As duas contribuições seguintes de Marcus Knaup e Patrick Becker situam o *Mind Uploading* em aspectos antropológicos e em termos de história das ideias. Seu ensaio "Digitalizar a Mente? Uma crítica filosófica" reflete e critica a digitalização da mente como hostil ao corpo vivo e à vida. Ao fazer isso, ele parte da premissa de que um ser humano não pode se enganar sobre a existência factual de sua própria consciência. Como referência básica dessa consciência de fato existente e não apenas simulada, ele entende que o corpo vivo não deve ser entendido de modo algum como uma máquina que processa dados sensoriais, mas como "um todo em forma bem-organizada". O corpo vivo não é apenas portador do cérebro, mas possibilita encontros, participações e testemunhos no mundo. Além disso, o cérebro não deve ser entendido como uma máquina, mas como um órgão de relações. Partilha ressonâncias entre organismo, espaço e mundo. Portanto, nem o corpo nem o cérebro funcionam como um meio de armazenamento eletrônico. Por essa razão, deve-se também afirmar que a consciência que se dá no corpo vivo não pode ser substituída por um computador. As exigências sensíveis associadas à vitalidade do corpo são um elemento indispensável para se poderem processar suas qualidades vivenciais. Knaup pensa aqui em experiência do sofrimento, da doença e da morte, que dão a percepção da própria mortalidade e cujo percurso pode preparar uma *ars moriendi*, arte de morrer, ao longo da vida. A perspectiva da própria morte e da morte dos outros não é um mal que simplesmente precisa ser superado, mas um guia para a liberdade de vida que só se abre quando se experimentam limites e crises existenciais. Knaup, portanto, rejeita veementemente o interesse por uma transferência da mente humana para uma máquina ou meio de armazenamento externo. Esse interesse supõe o corpo como substituível e não como individualizado. Sugere que a individualidade esteja associada apenas ao espírito e nele se esgota.

Patrick Becker, no capítulo "Da Alma Eterna ao Espírito Infinito. Perda do além e desenvolvimento tecnológico", parte da observação de que as utopias de digitalização estão voltadas para preservar o 'espírito' de uma pessoa, e não para salvar sua 'alma'. Para Becker, isso não é uma coincidência léxica, mas se deve ao surgimento da ciência natural moderna, que estabeleceu amplamente uma orientação puramente intramundana e uma visão funcionalista dos seres humanos. Como resultado, o discurso sobre a 'alma' se tornou questionável e reprimido. Para fazer uma leitura crítica desse desenvolvimento recente e, ao mesmo tempo, permitir uma abordagem que sirva à vida e seja eticamente pensada com uma visão de futuro sobre a digitalização da mente, Becker mostra o que originalmente se entendeu por alma humana e de que modo o antigo conceito de alma, que permitia compreendê-la como o cerne indispensável do ser humano, foi assumido no cristianismo e passou a ser pensado em vista da vida após a morte ou até à esperada nova vinda de Cristo. Somente em tempos modernos, com o discurso sobre a alma, a interioridade e a individualidade do ser humano passam a ser cada vez mais direcionadas a um desenvolvimento neste mundo e não no além. E por fim, o autor aponta a perda que se dá no conceito de alma quando se assume que a consciência e o espírito humanos também não têm um dinamismo próprio, mas podem ser reduzidos a fenômenos a serem examinados apenas de modo empírico, especialmente por neurociências. De acordo com Becker, no entanto, a visão promovida pelas ciências naturais modernas, e pela filosofia da mente e seu funcionalismo, de que a essência do ser humano deve ser determinada puramente do ponto de vista funcional e físico, é uma visão que tem sérios impactos sobre a autocompreensão humana. Um 'espírito' que pode ser apreendido científica e funcionalmente não tem mais noções de transcendência, e com elas também perde progressivamente sua vinculação ética no cotidiano. Em vez disso, se torna cada vez mais voltado para sua própria performance. A ideia de digitalização da mente também deve ser interpretada nesse contexto, de ser uma consequência lógica do desenvolvimento cultural em questão. No entanto, não deve ser simplesmente descartada, mas sim reorientada e redesenhada em uma perspectiva de complementariedade, que saiba associar de modo equilibrado as verificações científicas sobre o corpo e sobre a mente em busca de compreender o ser humano.

Nas duas contribuições finais de Markus Mühling e Rebekka A. Klein, a digitalização da mente é discutida a partir de uma perspectiva socioteológica. Em seu estudo "O Bezerro de Ouro virtual, relacionalidade e corpo extenso. Perspectivas teológicas sobre o pós e o trans humanismo", Markus Mühling entende os movimentos mais recentes do pensamento trans ou pós-humanístico como movimentos quase religiosos e pergunta como a teologia pode abordá-los de uma maneira 'interreligiosa'. Mas a respeito do pensamento dos pós-humanistas Ray Kurzweil e Nick Bostrom, entende haver ali poucas perspectivas de aproximação, pois eles violam dois aspectos centrais de uma visão cristã da vida com seu ideal de superinteligência, e sem a perspectiva de morte. Primeiro, entendem o mundo como um mecanismo racional e fechado, e ignoram que existe uma contingência real incalculável. Em segundo lugar, entendem que todos os objetivos da vida são selecionáveis pelos sujeitos em um sentido voluntário, ocultando assim o fato de que os humanos são seres relacionais, que se tornam o que são por meio dos outros. Ao fazer isso, os pós-humanistas violam crenças fundamentais da escatologia cristã e da teologia da criação. Por outro lado, Mühling considera o realismo agente de Karen Barad bastante compatível com o cristianismo, uma vez que Barad integra uma ontologia relacional em sua abordagem, e sua visão de uma relacionalidade interna da vida humana corresponde à unidade pericorética da Trindade de Deus (conceito esclarecido em seu texto), que também corresponde à doutrina cristã sobre a Trindade. Com isso Mühling chama a atenção para não se criar uma oposição generalizada entre pós-humanismo e teologia e defende a condução de um diálogo diferenciado. Mühling termina com sete recomendações sobre como lidar com posições pós-humanistas a partir de um ponto de vista cristão.

No capítulo intitulado "Renascer digital como um Outro? Do dualismo mente-corpo ao sujeito como produto cultural", Rebekka A. Klein conclui situando a digitalização da mente no horizonte mais amplo da digitalização da sociedade. Pois a tão sonhada digitalização da alma se vislumbra no horizonte desse processo social que está em curso. Klein argumenta que a digitalização é mais do que uma simples técnica de espelhar e traduzir processos analógicos, ou seja, é antes uma práxis cultural abrindo significados que mudam decisivamente a subjetivação dos humanos modernos. Referindo-se aos trabalhos de Felix Stalder e Andreas Reckwitz, Klein mostra que a digitalização não desencarna ou 'virtualiza' a vida humana, mas a submete a um processo de culturalização radical. A cultura digital transforma a vida sensitiva das pessoas por meio de uma práxis social essencialmente baseada em formatos e mídias culturais gerados digitalmente. Nas práticas da mídia digital a visualização do diferente e particular se firma como medida de todas as coisas. Dessa forma, em vez de convergência a jogo frutuoso entre o particular e o comum, como também entre conexões naturais e ordens culturais de significado, dá-se uma dinâmica voltada para identidades individuais, dinâmica esta que leva cada vez mais a desmembrar e antagonizar a sociedade. Com base nessa análise, Klein chega à conclusão de que a visão de um renascimento digital do sujeito tem um caráter distópico. Finalmente, Klein contrapõe o material técnico digitalizado com a personalidade única de um Eu que se constitui sensível e significativo no tempo, conceito que a autora apresenta recorrendo à fenomenologia de Paul Ricoeur.

Eu e Eu mesmo digitalizado

Ludger Jansen

1. Digitalizar: um Além virtual

Na série de televisão *Upload*, produzida pela *Amazon Prime*, a pós-vida digital é dada como uma realidade: o personagem principal, Nathan, fica gravemente ferido em um acidente devido a um defeito em seu carro de direção autônoma. Sua namorada Ingrid decide, prontamente, usar a conta de cliente de sua família para 'fazer uma digitalização' de seu namorado. E então o cérebro de Nathan é escaneado para criar uma cópia digital de Nathan. Isso termina com sua cabeça explodindo e seu corpo sem cabeça desmoronando. Na manhã seguinte, Nathan acorda na residência *Lake View,* em uma vida digital do além, sendo cuidado pela funcionária Nora. No entanto, alguns dos arquivos de memória de Nathan são inutilizáveis, como se descobre mais tarde, bem semelhantes aos que causaram o mau funcionamento do carro, resultado talvez de manipulação deliberada. *Lake View*, como realidade virtual do além, sabe tudo, com inegáveis méritos, sobre cuidados na vida digital, começando por um incrível buffet de café da manhã. Mas *Lake View* não é perfeito em todos os detalhes: as ondas do lago sempre se movem da mesma forma em uma sequência digital repetitiva e as folhas das plantas são decoradas com o logotipo da empresa. Além do mais, as vantagens da vida após a morte virtual estão em função do dinheiro: um passatempo variado só é possível nas cópias digitais se o volume de dados for grande o suficiente para a respectiva existência virtual. Para entretenimento, pode-se, por exemplo, assistir a um filme de suas memórias mais bonitas, ou trocar mensagens entre a realidade real e o futuro virtual por telefone celular. Em chamada de vídeo, Nathan pode até ser um convidado de honra para assistir ao seu próprio funeral. Tendo dinheiro suficiente para pagar por órgãos sexuais virtuais, pode até mesmo fazer sexo entre parceiros de ambos os mundos; o que, todavia, pode parecer mais realista para a pessoa virtual do que para a pessoa real, pois eles têm que usar um traje de sensor estranhamente grosso, projetado para que os figurantes possam ter múltiplos orgasmos. No entanto, nem todos podem se dar ao luxo de continuar vivendo digitalmente, então há manifestações no mundo real exigindo que a digitalização *post-mortem* e a existência continuada como cópia digital sejam declarados um direito humano, ao qual todas as pessoas, independentemente de suas habilidades financeiras, possam ter acesso. Mas não são apenas questões financeiras que seguram o pai da consultora de clientes Nora diante da digitalização, pois ele espera se unir à sua falecida esposa em um casamento religioso tradicional de vida após a morte.

A série *Upload* é uma encenação cômica de um desfecho fictício futuro que leva ao extremo algumas tendências da cultura contemporânea como aplicativos de namoro, mala direta pela Internet (*Amazon*) e direção autônoma de veículos, e pressupõe a implementação técnica da digitalização da mente humana, que alguns esperam hoje. Mas ela é mesmo possível? Essa questão surge em diferentes graus e em variados aspectos nessa visão para o futuro. O assassinato por sabotagem de um carro autônomo parece ser uma possibilidade tecnológica real da qual se gostaria de proteger seu carro (e a si mesmo). Mas e quanto à digitalização mortuária da consciência em residências virtuais como *Lake View*? Tal cenário é obviamente concebível, pois a série de TV o imagina com muitos detalhes. Essa imaginação pode ser um indicativo de que tal cenário seja realmente possível, mas a imaginação não é um critério confiável da possibilidade. Pois também podemos imaginar algumas coisas impossíveis, como viajar no tempo ou uma máquina de moto-contínuo, para as quais temos boas razões para acreditar que nenhuma delas seja realmente possível. E quanto à digitalização da mente? Vamos então examinar alguns aspectos do mundo da digitalização da mente, tendo como pano de fundo as discussões filosóficas dos últimos 100 anos, perguntando se tal cenário é mesmo possível. Com isso, não me pergunto sobre a questão da viabilidade técnica, mas tenho em mente a questão de saber se o que imaginamos em tal cenário de digitalização seria em princípio possível por razões lógicas ou metafísicas, mesmo que ainda faltem os meios técnicos.

Parte da história da digitalização da mente é que não apenas um computador pode calcular perfeitamente o comportamento de uma pessoa digitalizada, mas também que essa pessoa tenha uma consciência, que tenha sensação corpórea, embora seu corpo seja apenas uma simulação, e que com base nessa digitalização continue a existir de forma virtual. Argumentarei que aspectos importantes dessa história, embora imagináveis, estão no reino do impossível, não do possível.

2. Matemática: mente e máquina

O processamento eletrônico de dados ainda é uma tecnologia muito jovem, principalmente sua aplicação em massa. E, no entanto, desde seus tímidos primórdios, seu desenvolvimento esteve associado ao espírito humano. O termo 'computador' também não foi originalmente cunhado para um artefato técnico. No início do século XX, quando os fundamentos da matemática estavam sendo explorados e as pessoas começaram a pensar sobre a aritmética de forma abstrata, os 'computadores' eram, literalmente, nada mais do que 'calculadoras', ainda pessoas: institutos de pesquisa e universidades empregavam grupos inteiros de 'computadores', em sua maioria mulheres, que realizavam longos cálculos para projetos de pesquisa, processos de pesquisa mais avançados.[1] Com isso também teríamos

1 GRIER, David Alan. *When Computers Were Human*. Princeton: Princeton University Press, 2005.

nomeado os três pontos cruciais que determinam todo processo de processamento eletrônico de dados: entrada, processamento e saída - ou em inglês: *input, process, output*. Foi o matemático de Cambridge, Alan Turing, quem primeiro teceu considerações sobre o que significa algo ser 'calculado' e algo ser 'calculável'.[2] As calculadoras mecânicas foram construídas por um longo tempo, mas a aritmética ainda é considerada, não totalmente errada, como uma operação da mente humana. Para Turing, no entanto, um cálculo não precisa necessariamente ser feito por um ser humano: se as calculadoras da universidade não fazem nada mais que manipular números dados de acordo com instruções dadas, então pode-se imaginar uma máquina fazendo isso. E é aí que Turing entra. Ele idealiza uma máquina que definirá o padrão do que é e do que não é calculável: a máquina de Turing. Ela consiste em uma fita infinitamente longa com armazenamento e um cabeçote de leitura/gravação controlado por programa que pode se mover para frente e para trás na fita de armazenamento. Na realidade, é claro, não pode haver uma fita de armazenamento infinita. Mas isso também não é decisivo na questão, pois essa máquina fictícia não pretende ser recriada, mas apenas descrever um modelo que possa ser usado para distinguir entre o previsível e o imprevisível. Se, após o processamento do programa, a máquina emitir um resultado e parar, a tarefa foi calculável. No entanto, se o programa nunca terminasse durante um cálculo, se a máquina ficasse funcionando sem parar, o problema não seria calculável – nesse meio tempo, há longos períodos aguardando e esperando que um programa, depois de tão demorado processamento, ainda chegue a um resultado. Hoje, quando ouvimos a palavra 'computador', pensamos em máquinas, mais precisamente: dispositivos eletrônicos que podem realizar manipulações de dados muito rapidamente. Nossos computadores não escrevem mais volumes longos, mas o modelo original de Turing ainda fornece um limite

2 TURING, Alan M. "On Computable Numbers, with an Application to the Entscheidungsproblem". *Proceedings of the London Mathematical Society,* 42: 230-265, 1937.

acima do que os computadores conseguem. E podem fazer muito: cada vez mais funções cognitivas humanas estão sendo computadorizadas. Os computadores são bastante bons em jogos complexos como xadrez ou Go, podem reconhecer rostos e manter conversas simples. E já estão dirigindo um carro e avançando no reconhecimento de um câncer.

O que significa aqui os computadores poderem lidar com essas tarefas? Em primeiro lugar, significa que eles mostram o mesmo ou semelhante comportamento de carregamento-saída como os especialistas humanos em tais situações. A esperança de muitos nesses processos de desenvolvimento é que os computadores façam essas coisas ainda melhor e de modo mais confiável e pelo menos mais barato e prático do que especialistas humanos. Os desenvolvimentos técnicos mostram que essa esperança é justificada em muitos casos. Mas então, para aritmética, jogar xadrez ou detectar câncer, não parece ser importante que o especialista humano tenha um cérebro feito de biomassa, mas que o computador tenha circuitos baseados em silício. A única coisa que conta, ao que parece, são as estruturas lógicas manifestas, que podem ser realizadas em bases muito diferentes. Então, por que, seguindo o raciocínio, isso não deveria funcionar para nossa mente como um todo, e não apenas para uma ou outra faculdade isolada de nossa mente?

3. Os computadores podem pensar?

O comportamento carregamento-saída de uma pessoa humana também pode ser realizado tecnicamente? É incrível o que os computadores já podem fazer hoje. Calcular é a mais simples de todas as suas habilidades. Com base nela, porém, muitas outras habilidades humanas poderiam ser realizadas no computador. Entretanto, os computadores não só 'aprenderam' a jogar xadrez, mas também a raciocinar, traduzir textos, falar, reconhecer rostos e muito mais. Isso significa que os computadores agora podem pensar? Quando refletimos sobre o pensar, muitas vezes nos ocorre algo completamente diferente de determinada relação carregamento-saída. Pois nos sentimos como seres pensantes: para nós, pensar é parte de nossa consciência, nossa vida anímica "interior", que podemos experimentar diretamente. Um computador pode ter esse desempenho interno mental? Em um ensaio de 1950, Turing disse que poderia passar sem essa pergunta, desde que a relação carregamento-saída estivesse correta.[3] Se não pudermos distinguir de forma confiável a 'comunicação' com um computador da comunicação com um ser humano (o chamado teste de Turing), então, de acordo com Turing, iremos simplesmente continuar também a atribuir atos de pensamento às máquinas. Segundo Turing, isso aconteceria em cerca de 50 anos, ou seja, no início do século 21, quando o poder computacional das máquinas fosse suficientemente forte.

Vendo a partir da década de 1950, Turing arriscou uma aposta dupla: uma aposta previsível no desenvolvimento da tecnologia de computador e outra na mudança de linguagem que daí decorreria. Até onde podemos dizer, Turing venceu a primeira aposta técnica. Os computadores tornaram-se tão poderosos como ele previu. As capacidades dos computadores de hoje já podem exceder tudo o que Turing poderia ter imaginado. Curiosamente, muitos desses novos recursos derivam do descarte da abordagem de Turing em dar ao computador uma sequência de comandos e dados capazes de resolver um problema em questão. O que hoje chamamos de 'IA', ou seja, "inteligência artificial", são, antes de tudo, sistemas que aprendem, e que, com base em dados de treinamento, 'aprendem' a resolver um problema. Esses programas de aprendizagem são baseados na ideia de conexionismo, para reproduzir tecnicamente processos cognitivos, imitando o que se realiza em cérebros humanos. Como o cérebro, o trato conexionista em pesquisa de inteligência artificial usa 'redes neurais' artificiais. São assim chamadas porque se baseiam no funcionamento do nosso cérebro, cujos neurônios estão conectados

3 *Idem*, "Computing Machinery and Intelligence". *Mind*, 59: 433-460, 1950.

entre si em diferentes pesos. Não há um único neurônio que tenha uma tarefa específica, mas sempre há um sistema complexo de neurônios que assume uma tarefa cognitiva específica. Mas isso também significa que nosso sistema cognitivo não existe em compartimentos tão claramente divididos que se possam isolar, visualizar ou deletar tecnicamente episódios individuais de memória. Como regra, essas redes neurais não são implementadas como *hardware* em disco rígido, mas existem como estruturas matemáticas nos mesmos computadores nos quais as cadeias de comando explícitas da abordagem de Turing também são programadas.

A segunda previsão ainda não se concretizou: nossa linguagem usual ainda não atribui aos dispositivos eletrônicos de que dispomos os mesmos tipos de atos mentais que atribuímos aos nossos semelhantes. Talvez seja porque, diferente do que Turing pensava, nossa linguagem usual está bem mais nutrida pela experiência pessoal de ser pensante do que quaisquer comportamentos que resultam de um carregamento-saída. Pois mesmo que os processos mentais sejam mais difíceis de pesquisar cientificamente, e alguns neurologistas queiram mesmo negar a existência do espírito, ainda é assim, como já dizia Descartes: que somos seres pensantes, isso é muito mais certo nesse caso do que ter um corpo. Podemos ter certeza da existência de nossa mente por meio de nossa perspectiva interior privilegiada. Um demônio maligno da mentira poderia nos enganar sobre a existência do corpo, mas não sobre a existência da mente.[4] A tarefa do demônio da mentira poderia, como Hilary Putnam sugere, também ser realizada por um computador de simulação conectado a um cérebro.[5] Essa seria então a situação com a qual jogam os filmes *Matrix* das irmãs Wachowski. O televisivo *Upload* dá um passo além ao assumir que a mente agora também pode ser digitalizada.

---

4 DESCARTES, René. *Meditationen mit sämtlichen Einwänden und Erwiderungen*. Trad. Christian Wohlers. Hamburgo: Meiner, 2009.

5 PUTNAM, Hilary. *Reason, Truth, and History*. Cambridge: Cambridge University Press, 1981, cap. I.

4. Os digitalizados podem sentir?

A tese de que os processos mentais são adequadamente descritos como uma relação carregamento-saída também é chamada de funcionalismo na filosofia da mente. O funcionalismo atinge algo decisivo para os fenômenos mentais – ou seja, que não é importante como materialmente se realizam. Isso não significa que os processos mentais possam ser realizados por meio de quaisquer estruturas materiais. Dificilmente um carretel de linha será complexo o suficiente para desdobrar um funcionamento interno mental. O que o funcionalismo assume, no entanto, é que as ocorrências de um tipo particular de propriedade mental podem ser realizadas por meio de mais de uma estrutura material. Pode ser a sensação de dor em humanos mecanicamente ligada a uma atividade neural muito específica - digamos, por exemplo, o disparo das fibras C. O fato de ser um episódio de dor não se deve essencialmente ao fato de as fibras C estarem ativas nesse evento. Pelo contrário, é porque experimentamos o que está acontecendo de uma certa maneira (ou seja, em forma dolorosa) e que o que ocorre está ligado a um tipo de comportamento nosso: fazemos caretas, tentamos evitar o que provoca a dor e buscamos aliviar a dor em si. Essencial para a dor não é sua base material, o disparo da fibra C. Para o funcionalista, o essencial é a integração funcional da dor na totalidade de nosso comportamento. Extraterrestres ou outros animais superiores podem ter uma estrutura de sistema nervoso completamente diferente e podem não ter nenhuma fibra C. Mas isso não implicaria a incapacidade de sentirem dor. Mesmo em seres da mesma espécie, as habilidades cognitivas podem ser realizadas neurologicamente de maneiras muito diferentes. Um exemplo radical disso são as crianças que crescem com apenas um hemisfério do cérebro e, ainda assim, desenvolvem-se mentalmente de maneira normal. As tarefas da metade ausente do cérebro podem, portanto, ser assumidas por outras áreas do cérebro. Essa capacidade, também conhecida como "plasticidade" do cérebro, é um importante argumento a favor do funcionalismo.

Se o funcionalismo estiver certo, isso inicialmente fortalece a suposição de que uma digitalização para *Lake View* pode ser possível. Pois se determinada função cognitiva não depende de sua base material, então é possível realizar a mesma função de outras maneiras. E por que a realização material deve ser limitada à matéria orgânica baseada em carbono? A função também não poderia ser implementada usando silício em circuitos integrados de computador?

Ao se restringir à relação carregamento-saída, o funcionalismo se aproxima do behaviorismo, cuja abordagem metodológica foi mapear a vida mental humana como um complexo de esquemas estímulo-resposta. A grande vantagem dessa abordagem é que os estímulos podem ser gerados experimentalmente e as reações podem ser observadas empiricamente. A psique situada entre o estímulo e a reação foi tratada como uma "caixa preta", como um sistema sobre o qual não há conhecimento. O behaviorismo poderia, portanto, dispensar com segurança a especulação sobre a estrutura da alma, suas partes, faculdades e mecanismos. Com isso, ele deixaria de fora um aspecto importante: a experiência de nós mesmos. Pode ser importante para os outros que eu faça uma careta, chore alto e segure minha perna sangrando de forma protetora para dizer que estou com dor. Para mim, no entanto, esses sinais não são importantes. Não preciso me ouvir gritando etc. para concluir que posso estar sentindo dor. Eu simplesmente experimento minha dor e, portanto, sei sobre ela de forma totalmente independente de todos os sinais externos.

Esse aspecto da experiência de si mesmo está fora do foco do funcionalismo, uma vez que se preocupa apenas com as relações de carregamento-saída. Como o behaviorismo, vê tudo o que está em jogo como uma caixa preta cuja estrutura não tem maior interesse. Para nós, humanos, entretanto, existe uma maneira de sermos nós mesmos que independe de nosso comportamento observável. Não temos motivos para acreditar que os computadores ou o programa executado neles desenvolvam tal experiência de si mesmos. É certo também que para refutar isso cabalmente, teríamos de ser o próprio computador. Se um computador tem autoexperiência, então certamente pode também saber sobre isso, mas não nos dizer com segurança, porque a mensagem de que ele tem uma autoexperiência não precisa estar ligada ao repasse dela. Está suposto também que nunca podemos provar conclusivamente que outras pessoas tenham experiência de si mesmas. Normalmente, com a ajuda de nossa empatia, entendemos os estados internos de nossos semelhantes, interpretamos seu comportamento e, assim, fazemos previsões amplamente confiáveis sobre seu comportamento. Mas o comportamento de meus semelhantes poderia, em princípio, ser exatamente o mesmo, sem que eles tenham uma vida interior mental. O conjunto da minha percepção poderia ser o mesmo, ainda que eu fosse o único ser no mundo dotado de autoexperiência. Via de regra, porém, presumo que os seres tão semelhantes a mim, tanto em seu comportamento como em sua anatomia, também tenham uma autoexperiência semelhante à minha. Mas os computadores são muito diferentes de nós e geralmente assumimos que eles não têm autoconsciência. Mas não podemos descartar isso. Não importa quantas observações façamos aqui, um engano será sempre possível em ambos os casos – em relação aos nossos semelhantes e em relação a artefatos técnicos.

5. Uma digitalização pode ter uma semântica?

Se as observações não podem determinar como os computadores experimentam a si mesmos, talvez as considerações de princípio possam. Um argumento importante que gostaria de apresentar agora remonta ao filósofo John Searle. Começa pelo fato de que um elemento importante de nossa autoexperiência como pensadores é que quando pensamos, pensamos algo. Pensar requer um objeto. O mesmo se aplica a outros atos: quando falamos, falamos de algo; quando esperamos, esperamos algo; e quando vemos, vemos algo. Franz Brentano viu nisso a característica decisiva do espiritual referindo-se a um objeto:

> Todo fenômeno psíquico é caracterizado, [...] embora não por uma expressão totalmente inequívoca, pela relação a um conteúdo, pelo direcionamento a um objeto (não se entenda aqui como uma realidade), ou o que chamaríamos de concretude. Cada um desses fenômenos contém algo como um objeto dentro de si, embora não cada um da mesma maneira. Algo é apresentado na imaginação, algo é reconhecido ou rejeitado no julgamento, amado no amor, odiado no ódio, desejado no desejo etc. [...]. Nenhum fenômeno físico mostra algo semelhante.[6]

Claro que não se pode pensar apenas em coisas materiais, mas também em amor, no número 2, em sentimentos de medo, no que é planejado ou desejado, ou em coisas inexistentes como Papai Noel ou o bolo que quero fazer na próxima semana. O que é decisivo para Brentano é a relação – e não que o objeto de referência tenha uma existência extramental.

Nossas palavras e ideias também têm esse relacionamento. Eles têm significado, se relacionam com algo; mais precisamente: nos referimos a algo com a ajuda de nossas palavras. Pode um computador ter tal relação com alguma coisa? Searle argumentou que pelo menos os computadores que temos disponíveis não podem fazer isso.[7] De acordo com Searle, isso não é porque eles ainda estão com baixo desempenho, mas por causa do princípio com que trabalham: nossos computadores são sistemas de processamento de símbolos. Eles começam com certos padrões de zeros e uns, que são representados em suas memórias de trabalho (entrada), manipulam-nos de acordo com sua programação (processamento) e obtêm um padrão de zeros e uns (saída) como resultado. O que esse padrão representa

---

6 BRENTANO, Franz. *Psychologie vom empirischen Standpunkt* (1874). Hamburgo: Meiner, v.1, 1973, p. 124-125.

7 SEARLE, John R. "Minds, Brains, and Programs". *Behavioral and Brain Sciences,* 3: 417-457, 1980. Para uma discussão, ver PRESTON, John; BISHOP, Mark (eds.). *Views into the Chinese Room. New essays on Searle and Artificial Intelligence.* Oxford: Oxford University Press, 2002.

não importa, nem, de acordo com Searle, pode importar. O computador opera apenas no nível das formas e combinações de caracteres – apenas no nível da sintaxe. No entanto, os caracteres não têm significado ou semântica para o computador – eles existem apenas para o usuário humano. Searle ilustra esse argumento com a chamada sala chinesa. Uma mensagem escrita em chinês pode ser colocada na 'sala chinesa'. Dentro da sala está sentado um homem que nem fala chinês. Mas com a ajuda de um livro de instruções imensamente grosso, ele sempre consegue escrever caracteres chineses em um pedaço de papel e enviar para fora como resposta. O experimento mental conclui que a 'sala chinesa' pode simular perfeitamente como um chinês fala. No teste de Turing, alguém competente em falar chinês poderia não distinguir tal troca de mensagens em uma 'sala chinesa' de uma troca de mensagens com alguém que fala bem o chinês. Agora, isso significa que a 'sala' entende chinês? A resposta pretendida por Searle para essa pergunta é: claro que não. A pessoa na sala, ao contrário, não entende chinês, nem a sala como um todo ou qualquer uma de suas partes.

Na 'sala chinesa' não há semântica, não há significado. E em um computador que processa símbolos, de acordo com Searle, também não. Um aspecto importante de nossa autoexperiência como pensadores não é, portanto, capturado por máquinas de processamento de símbolos. Então, se Searle estiver certo, tais máquinas não podem pensar nesse sentido, porque são incapazes de pensar qualquer coisa.

Searle concorda que computadores com semântica são possíveis, ou seja, se nossos cérebros puderem ser pensados como computadores. Claro, nossos cérebros não são construídos por humanos, mas se desenvolveram em um complicado processo evolutivo em seres vivos superiores. No entanto, como é concebível que cérebros possam ser reconstruídos, também o é que existam computadores que tenham semântica construídos por humanos. Contudo, para isso, provavelmente não é necessário que exatamente os mesmos componentes materiais estejam envolvidos no computador e no cérebro, desde que as funções correspondentes sejam implementadas. Porque os cérebros biológicos de pessoas diferentes também apresentam diferenças individuais, sem que tenhamos motivos para duvidar da capacidade semântica de nossos semelhantes.

Mas, e se não for a biomassa do cérebro que faz isso que podemos nos referir a coisas, e for nossa história filogenética evolutiva? Esse pensamento poderia ser sugerido pela tentativa filosófica de explicar a semântica como um fenômeno biológico-evolutivo. Ruth Millikan, por exemplo, aponta que também atribuímos uma função a certas propriedades dos seres vivos porque eles se provaram evolutivos em certo aspecto. Para ela, a semântica e o significado são a continuação desses aspectos normativos-funcionais na comunicação interpessoal. De certa forma, não se pode aqui contradizer Millikan, porque é claro que a capacidade de falar e o comportamento linguístico dos humanos devem ter evoluído e o comportamento humano dessa maneira deve ter se comprovado evolutivamente. No entanto, o fato de que a linguagem e a capacidade humana de pensar, com base na linguagem, evoluíram é algo independente da questão sobre os computadores poderem ou não pensar. Também não devemos tornar nossa própria capacidade de pensar, do saber qual história evolutiva a espécie humana tem, porque o que pensamos é inegavelmente certo, enquanto as afirmações históricas são sempre incertas. Suponha que uma reunião espontânea (extremamente improvável, mas não impossível) de biomoléculas em um pântano dê origem a um ser cuja anatomia e fisiologia são exatamente como nós humanos, incluindo seus processos neuronais.[8] Que razões poderíamos ter para supor que esse 'pântano homem' não pode pensar? De qualquer modo, sua gênese desviante e a falta de um passado evolutivo não deveriam ser importantes. E o mesmo deveria se aplicar às máquinas: se

8 DAVIDSON, Donald. "Knowing one's own mind". *Proceedings and Addresses of the American Philosophical Association,* 60: 441-458, 1987.

os computadores podem pensar, não podem depender de meros fatos históricos, como a ausência de um passado evolutivo.

6. Eu sou isto?

Outros pensadores confiam mais nas máquinas do que Searle. Nick Bostrom, por exemplo, defende que a execução de programas de computador que simulam o pensamento também cria seres capazes de sofrer, e cujo bem-estar deveria ser moralmente relevante para nós.[9] Da perspectiva de Searle, seria impossível que esses seres, se surgissem, sofressem por algo ou se preocupassem com algo, até mesmo consigo mesmos. Bostrom, por outro lado, sugere que talvez até nós e nossa consciência sejamos o resultado de tal programa de simulação executado por uma civilização tecnologicamente avançada.[10]

Suponhamos que os computadores possam, no futuro, imitar perfeitamente o comportamento humano. Temos então que distinguir entre dois cenários diferentes. No cenário de Searle, os computadores apenas fornecem uma simulação da consciência humana na forma de um comportamento de carregamento-saída perfeito, mas não desenvolvem nenhuma consciência. No cenário de Bostrom, por outro lado, formas de consciência se desenvolvem em computadores suficientemente poderosos. No cenário de Searle, os computadores poderiam simular perfeitamente o desempenho cognitivo humano, talvez até executá-lo com menos erros e maior precisão ou velocidade. No cenário de Searle, porém, eles não teriam consciência, nem autoconsciência – mas, no cenário de Bostrom, eles teriam.

Vamos esquecer por um momento as objeções de Searle e assumir que Bostrom esteja certo. O que poderia acontecer em um cenário de

---

9 BOSTROM, Nick. *Superintelligence. Paths, dangers, strategies.* Oxford: Oxford University Press, 2014.

10 *Idem,* "Are You Living in a Computer Simulation?". *Philosophical Quarterly,* 53: 243-255, 2003.

carregamento digital? Como devemos descrever o que aconteceu com Nathan quando ele passou pelo procedimento de carregamento? Primeiro temos o Nathan 'biológico', que acabou nascendo, cresceu, tornou-se programador e finalmente experimentou o acidente de carro; e então temos o Nathan 'digital' na residência virtual de *Lake View*. Do Nathan biológico dizemos que o Nathan no momento do seu nascimento e o Nathan no momento do acidente de carro eram o mesmo (Fig. 1). Em ambos os casos, é uma e a mesma pessoa. Os filósofos falam aqui de identidade pessoal, ou seja, da existência da relação de identidade entre as pessoas em diferentes momentos.[11] E quanto ao Nathan digital? Ele é a mesma pessoa que o Nathan biológico, ou seja, existe uma relação de identidade pessoal entre o Nathan biológico e o Nathan digital?

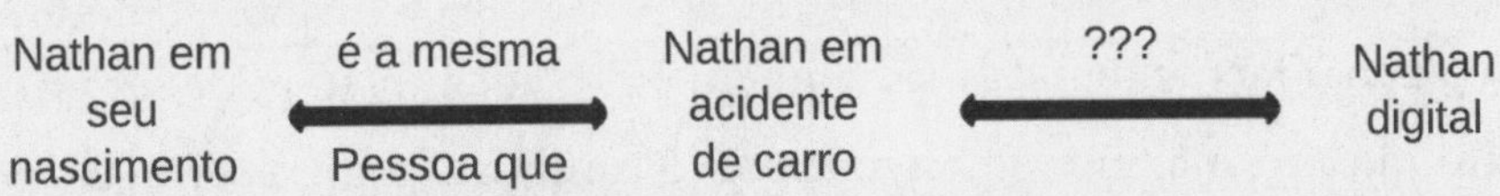

Repetindo, essa não é uma questão de viabilidade técnica, mas uma questão metafísica. Que critérios se adotam para dizer que Nathan em sua versão digital é a mesma pessoa que em sua versão biológica? Ou que alguém de fora possa dizer que determinado artefato computadorizado é a mesma pessoa que é o Nathan biológico? Essas são duas questões independentes que também precisamos tratar separadamente a seguir.

Na minha opinião, três critérios devem ser respeitados para se assumir razoavelmente uma identidade pessoal entre o Nathan biológico e o digital. Em primeiro lugar, que o artefato computadorizado criado pelo programa *Mind Uploading* deva ser uma pessoa, isto é, um ser autoconsciente capaz de realizar atos mentais e se relacionar com seus objetos internos. O artefato deve, portanto, ser mais do que um algoritmo que

11 Contribuições importantes para a discussão estão reunidas em: QUANTE, Michael (ed.). *Personale Identität*. Paderborn: UTB, 1999.

meramente simula Nathan com um comportamento de carregamento-saída adequado. Disso decorre, por um lado, que os artefatos de computador no cenário de Searle falham devido a essa condição, mas não no cenário de Bostrom. Por outro lado, segue-se que o cumprimento desse critério só pode ser julgado de forma confiável a partir da 'perspectiva da primeira pessoa'. Se o Nathan digital tem uma autoexperiência como um ser consciente e pensante, então ele certamente a conhece por meio de sua perspectiva interior privilegiada. Para o observador externo, no entanto, permanece epistemologicamente incerto se ele está lidando com uma pessoa ou com uma simulação perfeita de uma pessoa. Se o Nathan digital não estiver consciente, então não há ninguém que possa saber com certeza se ele é uma pessoa ou não.

Em segundo lugar, o Nathan digital deve se tratar de uma pessoa. Não apenas factualmente, mas também em princípio, só pode ser um artefato que, no máximo, se oferece como candidato a oferecer o 'eu' posterior de Nathan. Há então aqui um problema que, surpreendentemente, não é abordado, pelo menos na primeira temporada da série: os artefatos digitais nada mais são do que sequências de zeros e uns, armazenáveis de forma flexível – e é possível gerar e instalar esse artefato uma vez em um computador, e então copiá-lo e instalá-lo à vontade. Os arquivos de memória de Nathan também podem ser copiados e enviados para diferentes residências virtuais. O que ocorreria seria haver muitos artefatos de computador mostrando o comportamento de carregamento-saída de Nathan (Fig. 2).[12]

12 Os arquivos de memória de Nathan também poderiam, é claro, ser carregados várias vezes para a mesma residência virtual. É difícil acreditar que a primeira temporada do programa tenha perdido o potencial dramático (ou até cômico) dessa situação.

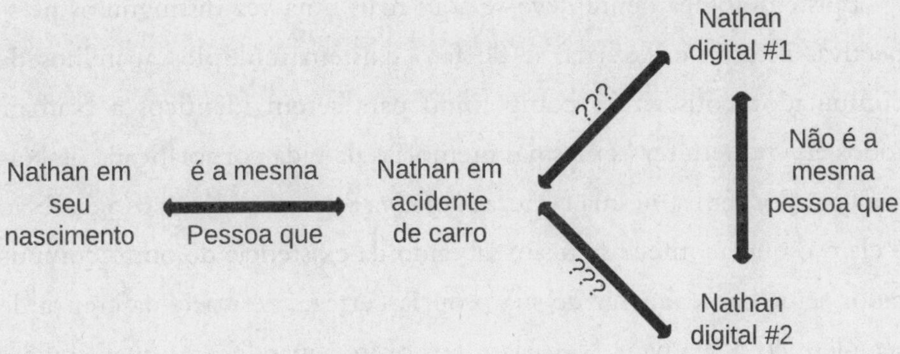

Essa situação agora nos permite dizer algo sobre a relação, até então incerta, entre o Nathan biológico e o digital, ainda marcada por pontos de interrogação nas Figuras 1 e 2. Sabemos que os dois Nathans digitais não são idênticos entre si, senão não haveria vários Nathans digitais, mas apenas um. Como não são a mesma pessoa entre si, não podem ser a mesma pessoa que o Nathan biológico. Porque, como já lemos em Euclides, o que é idêntico ao outro é igual. Por causa dessa propriedade da chamada identidade euclidiana, é impossível que haja mais de um Nathan digital. Mas o que qualificaria um dos Nathans digitais como sendo o Nathan digital mais 'legítimo' do que os outros? Poderíamos aceitar que todos esses carregamentos digitais de memórias de Nathan partilham memórias basicamente criadas, que por exemplo podem ser carregadas ao mesmo tempo, podem ser igualmente confiáveis etc. Todos os Nathans digitais podem herdar a mesma afirmação de serem idênticos ao Nathan biológico. Mas como o Nathan não pode ser todos, não pode ser nenhum. Com essa conclusão, podemos agora eliminar não apenas os pontos de interrogação na Fig. 2, mas também os pontos de interrogação na Fig. 1: por princípio, os artefatos digitais copiáveis simplesmente não têm o jeito de individualidade para se qualificarem como candidatos ao eu virtual de uma pessoa.[13]

---

13 Outro argumento defende a não identidade do Nathan biológico e do digital. Em *Upload*, o Nathan biológico não sobrevive ao exame cerebral. Mas por que um cérebro também não

Epistemologicamente deve-se aqui mais uma vez distinguir as perspectivas interna e externa: se de fato existem múltiplos aparelhos de computador conscientes competindo para serem idênticos a Nathan, todos eles podem ter as mesmas memórias da vida corporificada de Nathan e todos têm a mesma certeza subjetiva de serem idênticos a ele. Não é claro o que acontece se ficam sabendo da existência de outro computador semelhante: apesar de sua própria certeza, desistiria da crença de ser idêntico a Nathan? Negariam aos outros aparelhos as qualificações de serem idênticos a Nathan, por exemplo, duvidando de que os outros computadores também sejam conscientes? Como alternativa, poderiam seguir a sugestão de Derek Parfit de abandonar a conversa sobre identidade pessoal e falar com mais cautela sobre uma relação de sucessão, também compatível com a existência de vários candidatos concorrentes.[14] Essa possibilidade também existe para o observador externo. A diferença decisiva para a perspectiva externa é que se perde a certeza subjetiva da própria identidade com Nathan, dada pela (suposta?) memória. Do lado contrário estaria talvez a certeza de não ser idêntico a Nathan.

É de fato necessário que o aparelho em questão seja uma pessoa e tenha o jeito da individualidade, mas isso não é suficiente para que o aparelho seja o Nathan. Pois entre o Nathan como um ser biológico e o Nathan como uma pessoa digitalizada, deve haver uma correta relação, um modo certo de continuidade. Como acabei de dizer, Nathan deve deixar de existir como um ser biológico; mas ele deve sobreviver como pessoa à sua digitalização. Novamente nos encontramos em uma situação epistemicamente difícil.

Porque nem Nathan nem outros podem confirmar isso com certeza. Os observadores externos da 'perspectiva da terceira pessoa' não podem nem

---

pode ser escaneado de forma não destrutiva? Então pode até haver uma situação em que o Nathan biológico compete com o Nathan digital sobre quem é o Nathan real. Nesse caso, provavelmente decidiríamos intuitivamente a competição a favor do Nathan biológico.

14 Por exemplo, Derek Parfit (*Reasons and Persons*. Oxford: Oxford University Press, 1984) opta por esta última alternativa.

ter certeza de que o Nathan digital é uma pessoa, muito menos podem saber se estão lidando com a mesma pessoa de quando Nathan ainda existia como um ser biológico. Mas mesmo da perspectiva da primeira pessoa, após a digitalização, Nathan não pode dizer com certeza que ele é idêntico àquele ser biológico – desde que o material digitalizado tenha um mesmo viés interno de "primeira pessoa". Mas assumindo que o Nathan digital era autoconsciente, tudo o que ele tem para julgar sua identidade, como qualquer ser biológico que ele possa ter sido antes, é uma parte muito específica de sua consciência, a saber, suas memórias: na melhor das hipóteses, ele tem a impressão de lembrar o que ele supostamente fez como ser biológico, e, não menos importante, a decisão de se digitalizar e a implementação dessa decisão. O eu digitalizado de Nathan pode até pensar que se lembra de como era passar de um modo de ser biológico para um digital; talvez ele se lembre de como o fluxo de consciência foi constante durante esse tempo e de como ele experimentou o processo conscientemente. Mas as memórias presumidas de uma pessoa digital são tão propensas a erros quanto as memórias de seres biológicos. Para ver isso, tudo o que temos a fazer é considerar o experimento de Bertrand Russell de cinco minutos para passar os olhos sobre o mundo: tudo o que encontramos em nossas percepções ou em nossas memórias pode ser compatível de que o mundo tenha surgido há apenas cinco minutos com todas essas memórias de tempos anteriores.[15] Agora, se pudesse ser possível criar aparelhos de computador que tenham as memórias reais de Nathan, então também poderia ser possível criar aparelhos de computador que apenas supostamente se referem a um passado lembrado como um ser biológico, mas que foram de fato criados junto dessas memórias como um aparelho. De qualquer maneira: a identidade pessoal com uma pessoa biológica é altamente questionável.

No entanto, a relação entre o Nathan biológico e seus dados digitalizados não precisa necessariamente ser entendida como uma identidade

15 RUSSELL, Bertrand. *The Analysis of Mind* (1921). Londres: Createspace, 2019, p. 159.

pessoal. Talvez nem devêssemos presumir que o Nathan digitalizado seja numericamente idêntico a ele – e que Nathan e o digitalizado não são a mesma coisa. A relação sucessora de Parfit seria uma alternativa: a cópia digital seria então a sucessora de Nathan. Ainda menos problemática, no entanto, seria a tese de que a cópia digital de Nathan é, na melhor das hipóteses, alguém como Nathan, ou seja, que a cópia digital tem traços de caráter e corpo de conhecimento muito semelhantes ou mesmo iguais aos do Nathan orgânico. O material digitalizado não seria então uma versão digital de uma pessoa como um indivíduo que continuou a existir ao longo do tempo, mas uma versão digital de certos aspectos de uma pessoa que podem, em princípio, existir mais vezes no mundo, como algo do caráter ou do saber de uma pessoa. O fato de existirem dois ou mais seres com o mesmo tipo de caráter não apresenta problemas metafísicos maiores do que a suposição de que existam pessoas com a mesma cor de cabelo. A digitalização de tais aspectos da personalidade é, portanto, significativamente menos metafísica do que a digitalização de pessoas.

7. Um caso de proteção filosófica do consumidor

Nesse ensaio não desenvolvi uma imagem completa do ser humano. Nem era esse meu objetivo. Ao contrário, tentei fazer o mínimo possível de suposições sobre a natureza humana. Isso inclui que pessoas tenham um corpo, ocupem um espaço, sejam capazes de realizar certas tarefas cognitivas, sejam dotadas de percepção, memória e consciência, e experimentem pelo menos alguns de seus estados mentais. O que se pode agora dizer sobre a história das digitalizações do ponto de vista filosófico, se tomarmos como base uma antropologia tão reduzida?

Tentei responder a essa pergunta distinguindo entre as dimensões interna e externa, ou seja, entre as dimensões de primeira e terceira pessoa. A dimensão externa da digitalização de Nathan é aproximadamente feita por Nora e Ingrid, e viaja de avatar para *Lake View* a conhecer Nathan.

Já é tecnicamente possível que as pessoas se desloquem em um ambiente virtual usando óculos de realidade virtual. O fato de encontrarem avatares que se parecem com o falecido também não é problemático do ponto de vista filosófico. Que o comportamento do falecido possa ser imitado por um computador também é um mero problema técnico, mas não um problema metafísico fundamental. Pois se não é um problema metafísico para um humano imitar outro humano, então também não é um problema metafísico para um computador fazer isso. Do ponto de vista dos personagens reais da série de TV, como Nora ou Ingrid, a história é filosoficamente sem problemas.

Mas fica filosoficamente interessante quando se trata da dimensão interna de Nathan. É realmente possível que uma versão digital de Nathan seja consciente? Que ela tenha sentimentos, nutra esperanças e faça planos? Vimos que as esperanças do cenário de digitalização são baseadas no funcionalismo, que, no entanto, ignora o caráter experiencial da dimensão espiritual. O fato de a versão digital de Nathan ter o mesmo comportamento de carregamento e saída que o próprio Nathan teria não traz problemas filosóficos. Mas não temos motivos para acreditar que a versão digital de Nathan seja consciente. Temos sim boas razões para acreditar que a versão digital dele não pode ser a mesma pessoa que o verdadeiro Nathan antes de sua morte. Porque se meu argumento aqui for conclusivo, podemos aceitar similaridade qualitativa de uma cópia digital, mas não de uma identidade pessoal.

Dimensões internas e externas nos levam para resultados bem diferentes. O que é apenas um desafio técnico do ponto de vista externo leva a enormes problemas filosóficos do ponto de vista interno. Os clientes de serviços de digitalização devem, portanto, ser esclarecidos sobre o que esperar de uma digitalização desse porte. Assim, a compra do banco de dados em *Lake View* deve ter a função de confortar os enlutados e permitir que eles se comuniquem com simulações de computador de seus falecidos para possibilitar e assim fazer valer o preço do que oferecem. No entanto, se as pessoas a serem digitalizadas esperam se beneficiar de sua digitalização (*upload*), se esperam continuar a existir após a morte e que persista seu fluxo de consciência, então já não são apenas dificuldades técnicas, mas sérios problemas de princípios. Pois, se valem os argumentos apresentados aqui, Nathan não pode esperar uma existência pessoal continuada como uma cópia digital. E as ofertas de autodigitalização (*upload*), nesse caso, se tornam uma questão filosófica de defesa do consumidor. Ofertas semelhantes devem ser desconfiadas, assim como títulos ao portador de fabricantes de celulares *perpetuum* ou pacotes para viagens no tempo. Por outro lado, podemos tranquilizar o pai de Nora: se não se espera que a digitalização continue existindo como pessoa, ela não pode impedir outras esperanças de vida após a morte.

Transferência do meu Eu? Reflexões teóricas sobre identidade na digitalização da mente e existência virtual

Georg Gasser

1. Introdução

Quase ninguém está familiarizado com a ARPANET (*Advanced Research Projects Agency Network*). Foi a primeira rede de computação descentralizada, composta por quatro computadores em diferentes institutos de pesquisa na Califórnia. O precursor da Internet de hoje foi usado exclusivamente para fins militares e científicos até 1989 e só foi disponibilizado para uso comercial em 1990. O desenvolvimento posterior é bem conhecido: em duas décadas, a Internet mudou radicalmente o mundo global humano. O acesso à Internet agora é algo natural em quase todo o mundo; as mídias sociais e os serviços online moldam a vida cotidiana, os negócios e a política. Esse desenvolvimento não foi previsto no início da ARPANET há 50 anos, nem podia ter sido prevista sua velocidade.

Outrossim, cenários de digitalização e carregamento (*upload*), isto é, a transferência de nossas memórias e toda a nossa vida mental para portadores não biológicos, como computadores ou robôs, ainda soam como imaginações, conhecidas como ficção científica. No entanto, os primeiros passos concretos estão sendo dados para tornar realidade esses cenários de ficção. Visionários financeiramente fortes – o mais conhecido na mídia talvez seja Elon Musk – referem-se a desenvolvimentos tecnológicos como os da Internet. Eles acham que, como nos primórdios da Internet, estamos mais uma vez no início de um desenvolvimento científico e tecnológico que, por um lado, compreende de forma cada vez mais refinada o funcionamento de nosso cérebro e, por outro, está começando a desenvolver materiais que tornarão possíveis no futuro interfaces funcionais entre o cérebro, os programas de computador e as máquinas.

2. Três exemplos concretos

Para tornar concreta essa imaginação de futuro, esboço brevemente aqui três projetos que oferecem um tipo de digitalização da mente cada um.

Primeiro: LifeNaut.com[1] se apresenta como um projeto de pesquisa aberto, baseado na web, que deseja criar uma cópia digital de segurança (*backup*) da própria mente (*MindFile*) e do código genético (*BioFile*) para que no futuro – quando houver tecnologias apropriadas disponíveis – a consciência humana possa ser transferida para substratos naturais ou artificiais. Uma *MindFile* é criada por meio do carregamento (*upload*) de fotos, vídeos, linhas do tempo ou cronologia de vida, documentos etc. em um arquivo digital que deve conter a documentação da própria vida o mais completa possível. Essas informações podem ser usadas para criar um avatar digital que, por meio da interação com seu original, é treinado para refletir seu comportamento e expressões, valores, crenças, preferências e desejos. Com o máximo de dados possível do original, o avatar deve ser capaz de continuar digitalmente, sem obstáculos, a vida de seu original biológico após sua morte.

Segundo: a empresa iniciante Eternime[2] anuncia com a dica de que, da existência humana, em geral, apenas memórias individuais e dispersas

1 Ver https://www.lifenaut.com/

2 Ver http://eterni.me/

permanecem. À semelhança do LifeNaut.com, o Eternime não quer se submeter ao destino de ser gradativa ou completamente esquecido, mas vencê-lo por meios tecnológicos. Aqui também, o objetivo é desenvolver um avatar digital que preserve e dê continuidade à nossa história de vida, de modo a garantir nossa existência no espaço digital, para podermos continuar trocando ideias com nossos filhos, netos e descendentes, e alcançar objetivos não resolvidos na vida.

Terceiro: Neuralink[3] é uma empresa de desenvolvimento de interfaces cérebro-máquina, financiada em grande parte pelo investidor Elon Musk. Os cérebros humanos devem entrar em uma 'simbiose' com sistemas de inteligência artificial, pelos quais nossas habilidades intelectuais serão significativamente fortalecidas e expandidas. Musk e outros consideram esse desenvolvimento crucial para que um dia a inteligência humana não seja superada por sistemas artificialmente inteligentes que estão se desenvolvendo em um ritmo cada vez mais rápido e, como resultado, eles se tornarão incontroláveis, portanto, também um perigo para a continuação da existência dos seres humanos.[4] Ao contrário de LifeNaut.com e Eternime, Neuralink tem recursos financeiros significativos, que permitem pesquisas concretas sobre interfaces cérebro-máquina em colaboração com instituições líderes mundiais.

Esses três projetos de pesquisa são exemplos para muitas outras que lidam com as possibilidades de transferência do espírito humano e irão, com isso, possibilitar uma vida além dos limites estabelecidos pela biologia, até mesmo a visão da imortalidade digital. Sem dúvida, essas abordagens estão ainda em escola de primeiro grau. Quase ninguém espera avanços

3 Ver https://www.neuralink.com/

4 Nesse contexto, com frequência se utiliza o termo 'singularidade tecnológica'. Este é o momento da 'explosão' da inteligência artificial, a partir da qual os sistemas de inteligência artificial desenvolvem independentemente sistemas de inteligência artificial ainda mais poderosos em rápida sucessão, deixando a inteligência humana para trás. Para uma análise filosófica, ver CHALMERS, David J. "The Singularity. A philosophical analysis". *Journal of Consciousness Studies,* 17: 7-65, 2010.

decisivos nas próximas décadas. Mas os sucessos tecnológicos anteriores dão aos visionários a esperança de que os obstáculos biotecnológicos para o carregamento da mente também possam ser superados.

Mas o que deve ser transferido, ou seja, o que exatamente se entende por 'mente' nesse contexto, qual a relação entre essa mente digital e nossa existência atual, ou se pode haver obstáculos fundamentais para tais processos de transferência baseados em nossa natureza biologicamente constituída como seres vivos, são questões opostas às quais se dá um valor menor. Mas essas questões são de fundamental importância existencial. Nelas se trata, por exemplo, de saber se o que se considera digno de preservação pode ser encontrado apenas em suas estruturas racionais-mentais; se nossa consciência, sem cortes profundos, pode ser separada de nossa existência constituída como biológica, ou se nossa vida mental pode ao final ser rastreada por processos descritos em lógica matemática, que um tipo de programa de computador complexo faz rodar em diferentes arquivos digitais. O tema de fundo dessas questões é o que constitui a natureza humana[5] e que tipo de existência continuada no tempo daí decorre.

Falsas suposições sobre isso andam de mãos dadas com consequências fatais para as pessoas envolvidas: se, por exemplo, minha consciência não pode ser separada de minha existência biológica, e se minha existência continuada em uma existência de um 'portador' não biológico se mostra impossível, então uma correspondente tentativa de digitalização e carregamento da mente (*uploading*) é como um acidente que sela o fim da minha existência. É por isso que vale a pena pensar sobre as opções fundamentais da teoria da identidade, e que também vale a pena refletir sobre o tema deste capítulo.

---

5 Para um estudo metafísico abrangente dessa questão, veja: OLSON, Eric T. *What Are We? A Study in Personal Ontology.* Oxford: Oxford University Press, 2007. Entre as possíveis respostas a essa pergunta, Olson observa que somos: (i) organismos, (ii) cérebros, (iii) unidades corpo-alma concebidas hilemorficamente, (iv) constituídas por nossos corpos, mas pessoas diferentes ou (v) almas imateriais.

3. Clarezas Conceituais

Antes de me dedicar a relevantes distinções conceituais, assume-se aqui, pelas razões estratégicas referentes ao argumento da digitalização e carregamento da mente acima exposto, que nossa consciência possa existir independentemente do corpo biológico em sua condição de existência, e que os processos de transferência para outros 'portadores' não biológicos são, portanto, possíveis em linha de princípio. Consciência, nesse sentido, precisa então de um portador, mas não necessariamente de um corpo biológico.[6]

A primeira distinção importante diz respeito à consciência robusta e rudimentar.[7] 'Consciência robusta' é estado de consciência de si mesmo como um si mesmo e da própria condição de consciência sobre, por exemplo, memórias, desejos, objetivos, preferências ou traços de personalidade. 'Consciência rudimentar', por outro lado, é ter os referidos estados de consciência e formas correspondentes de interagir com seu mundo circunstante, sem a capacidade de nível superior para conscientemente se relacionar com seus conteúdos.

Em segundo lugar, com relação ao resultado, pode-se fazer uma distinção entre digitalização da mente destrutiva e não destrutiva. 'Digitalização destrutiva da mente' significa que as dimensões corporais importantes para nossa consciência são destruídas no processo de transferência. Seria concebível, por exemplo, que uma análise exata da arquitetura do cérebro seja necessária para a criação de um portador artificial para o carregamento da mente e que isso só é possível destruindo sucessivamente as estruturas orgânicas que estão sendo examinadas. Assim, ao final desse processo, nosso

6 Por exemplo, BAKER, Lynne R. "Persons and the Metaphysics of Resurrection". *Religious Studies,* 43: 333-348, 2007. Ela fala do fato de que nossa (robusta) perspectiva de primeira pessoa como portadora de nossa identidade pessoal precisa necessariamente de um portador (material), mas este não precisa ser idêntico ao nosso corpo atual, já que o corpo não tem identidade direta, função formadora.

7 Assumo aqui a conhecida distinção de: BAKER, Lynne R. *Naturalism and the First-Person Perspective.* Oxford: Oxford University Press, 2013, p. 127-143.

cérebro teria sido destruído como base biológica da consciência. 'Digitalização não destrutiva da mente', por outro lado, significa que os fundamentos biológicos relevantes da consciência são construídos, por exemplo, por um tipo de processo de cópia, enquanto o original permanece intacto.

Em terceiro lugar, no que diz respeito à modalidade do processo de transferência, pode ser feita uma distinção entre a digitalização mental gradual e a imediata. 'Digitalização mental gradual' se dá em um quadro em que a necessária estrutura do portador artificial é gradualmente construída e expandida de tal modo que se desenvolva de acordo com a consciência em curso. Diferente disso, a 'digitalização imediata' significa que uma transferência de consciência não se faz de modo a respeitar suas muitas etapas individuais, mas ocorre em um único processo de transferência.

Em quarto lugar, é crucial distinguir entre diferentes formas de identidade e continuidade ao longo do tempo. Identidade 'numérica' ou 'estrita' ao longo do tempo significa que uma entidade continua sendo a mesma apesar das mudanças qualitativas. Assumimos, assim, que ao longo da vida vamos passar por uma série de mudanças sem que elas coloquem em risco a nossa identidade. Se eu, por exemplo, perco a visão com a idade, se na idade adulta já não tenho mais aquele gênio agressivo da juventude, se minhas preferências alimentares mudam, se passo de pecador a santo ou se esqueço minha primeira paixão, em geral pensamos que é a mesma pessoa que está passando por diferentes mudanças, ou seja, eu como Georg Gasser.

Uma identidade 'numérica' se distingue de uma 'qualitativa' porque duas entidades podem ter as mesmas qualidades ou propriedades, mas podem ainda ser diferentes uma da outra. Gêmeos idênticos e cópias perfeitas são exemplos bem conhecidos de seres distintos que, no entanto, não diferem qualitativamente.

Por outro lado, há continuidade quando se pode falar em 'predecessor' e 'sucessor' entre diferentes seres devido a semelhanças qualitativas. Como a continuidade tem um significado especial no contexto da identidade pessoal, esse termo deve ser desdobrado com mais detalhes. Considere uma conhecida experiência sobre pensamento, que verse de algum modo sobre o 'teletransporte' para o transporte de pessoas (ou seja, pessoas como entidades psicofísicas) que esteja disponível no futuro.[8] O teletransportador 'escaneia' as pessoas em busca de todas as suas componentes corporais, bem como características físicas e psicológicas, e os salva. A pessoa é então dividida em seus componentes atômicos e estes são transmitidos para outro teletransportador no destino desejado. Lá a pessoa é 'reconfigurada' a partir dos átomos e com base nos dados armazenados. A intuição óbvia seria que, supondo uma configuração correta da pessoa, a pessoa no destino seja a mesma do ponto de partida. Mas como interpretar o caso em que, devido a um mau funcionamento do teletransportador, a reconfiguração se realize duas vezes em vez de uma, resultando em duas pessoas qualitativamente idênticas no destino ser reconfigurado? Qual é a relação entre as duas pessoas no destino e a pessoa no ponto de partida? Três respostas são teoricamente possíveis:

(1) Ambas as pessoas no destino são idênticas à pessoa do ponto de partida.
(2) Uma das duas pessoas no destino é a mesma pessoa do ponto de partida.
(3) Nenhuma das pessoas no destino é a mesma pessoa do ponto de partida.

A resposta (1) parece ser excluída por razões conceituais, uma vez que a identidade numérica não pode existir entre diferentes entidades. A resposta (2) é insatisfatória porque supõe-se que ambas as pessoas no destino não diferem em suas propriedades intrínsecas da pessoa do ponto de partida e que suas propriedades extrínsecas estão simetricamente relacionadas a ela. Portanto, não há diferenças relevantes reconhecíveis que justifiquem uma relação de identidade numérica entre uma pessoa no destino e a pessoa no ponto de partida. Apenas um fato adicional que não pode ser descrito em

---

8 O lugar clássico desse experimento sobre pensamento no debate moderno sobre identidade pessoal é: PARFIT, Derek. *Reasons and Persons.* Oxford: Oxford University Press, 1984, p. 199-218.

detalhes poderia justificar tal relação. Aqueles que fazem isso, geralmente, se referem à subjetividade ou à perspectiva de primeira pessoa dessas pessoas.[9]

Quem não se acertar com a variante (2), por parecer ilusória e obscura a suposição de outro fato metafísico, que não pode ser descrito em detalhes, optará pela variante (3). A variante (3), diante das dificuldades conhecidas, propõe não mais falar em identidade numérica no tempo presente, mas apenas em continuidade no tempo, pois a continuidade pode estar presente em diferentes graus de força e em relação a diferentes pessoas. Consequentemente, ambas as pessoas no destino podem ter uma relação de continuidade igualmente forte com a pessoa do ponto de partida se forem realmente qualitativamente idênticas, ou seja, tiverem exatamente as mesmas propriedades intrínsecas. O experimento mental pode ser modificado de tal forma que uma das duas pessoas tenha uma relação de continuidade extremamente forte com a pessoa no local de partida, graças a uma correspondência de 99% de todas as propriedades, enquanto a outra pessoa tenha apenas uma correspondência de 90%, resultando, portanto, em uma relação de continuidade mais fraca. O ponto crucial é que é perfeitamente concebível que uma pessoa A no tempo t1 com duas pessoas sucessoras G e H no tempo t2 mostre alguma forma de continuidade, uma vez que a mera continuidade (em contraste com a identidade numérica) pode existir entre A e G, bem como entre A e H.

9 Os proponentes dessa posição geralmente defendem a chamada "teoria simples" da identidade diacrônica: nossa identidade ao longo do tempo é fundamentada em um fato metafísico adicional distinto de todas as propriedades físicas e psicológicas. Então, por exemplo, para Martine Nida-Rümelin ou Lynne R. Baker, a perspectiva da primeira pessoa é a diferença crucial: a identidade numérica entre uma pessoa no destino e a pessoa no ponto de partida é baseada na mesma perspectiva da primeira pessoa. Este é um fato metafísico objetivo que, devido à sua natureza subjetiva, não pode ser apreendido descritivamente de uma perspectiva externa, por exemplo NIDA-RÜMELIN, Martine. "Consciousness and Non-Descriptive Individuality". *In*: GASSER, Georg; STEFAN, Matthias (eds.). *Personal Identity. Complex or Simple?* Cambridge: Cambridge University Press, 2012, p. 157-176, onde na p. 171 diz: "É um fato referente ao seu 'acesso ao mundo', referente ao que você experimenta 'desde a sua perspectiva'; envolve fatos subjetivos de você. Mas isso não implica que a característica relevante em si seja, em qualquer sentido, apenas subjetiva".

De acordo com essa sugestão, estou com meu 'eu' de dez anos atrás não numericamente idêntico ao do presente, mas existe entre nós uma relação de continuidade física e psicológica, cuja força depende das respectivas conexões físicas e psicológicas que persistiram ao longo dos últimos dez anos. Essa sugestão à primeira vista pode inquietar, mas existem nela pontos de ligação com a vida cotidiana, por exemplo, maneiras de falar como 'se tornou uma pessoa diferente' ou, se alguém mudou muito sua estrutura de personalidade por doença mental ou demência, se diz que 'a gente quase não reconhece mais'.

Além disso, essa proposta se mostra bastante elegante. Enquanto a proposição (2) apresenta uma possível solução para o caso, mas deixa no escuro sobre qual das opções possíveis é a verdadeira, a proposição (3) indica que todas as cartas estão na mesa e sabemos o resultado. Sabemos que, do teletransporte resultam duas pessoas das quais uma corresponde mais ou menos à pessoa do ponto de partida e que mantém relação de continuidade com ela. Isso é tudo o que há para saber. Com isso, o filósofo Derek Parfit enfatiza:

"Posso perguntar: Eu tenho que ser uma dessas duas pessoas, uma ou outra, ou nenhuma das duas?"[10]

Parfit entende que uma busca adicional por identidade numérica faz com que a pá bata na rocha e entorte. Trata-se de uma pergunta para a qual não há uma resposta verdadeira e outras respostas falsas, mas no máximo uma descrição mais adequada e outra menos. Para Parfit, a proposta (3) representa a descrição adequada do chamado cenário de duplicação. Sugere, com isso, interpretar dessa forma esse e outros cenários semelhantes, notando que a relação de continuidade ali presente, embora escondida no cotidiano, se tornará claramente visível.[11] Por nossa constituição biológica, não nos deparamos com tais cenários no

10 PARFIT, Derek. *Op. Cit.*, p. 302. "I may ask, but shall I be one of these two people, one or the other, or neither? But I should regard this as an empty question".

11 *Ibidem*, p. 200.

dia a dia, e por isso somos levados a confundir continuidade com identidade numérica. No entanto, assim que a atribuição inequívoca com a qual estamos familiarizados não for mais a mesma, torna-se perceptível que a relação flexível de continuidade fornece soluções razoáveis.[12]

Uma distinção final, relevante para as considerações que vêm a seguir, já foi dada acima: há duas respostas para a questão sobre em que se baseiam as condições de nossa identidade ao longo do tempo. O chamado 'animalismo' sustenta que somos, metafisicamente falando, organismos biológicos e, por consequência, nossa identidade no tempo consiste na persistência contínua de funções metabólicas de sustentação da vida do organismo humano.[13] Uma vez que nossas condições de existência ao longo do tempo são de natureza biológica, existimos como fetos, bebês, adolescentes, adultos, pacientes dementes e comatosos. Ser humano é essencial para nós; ser uma pessoa, por outro lado, tem uma importância central de ordem cultural, social, psicológica e legal para nós, mas não tem implicações metafísicas. Em outras palavras, a dimensão fundamental de nossa existência é biológica; somos principalmente seres vivos e, assim que deixamos de existir como seres vivos, deixamos de existir. Por outro lado, podemos perder nossa personalidade – por exemplo, em um estado permanentemente vegetativo – sem deixar de existir, pois continuamos a existir como seres vivos.

As chamadas abordagens psicológicas para a identidade pessoal argumentam, por outro lado, pela tese de que as condições decisivas de identidade são de natureza psicológica e estão, portanto, ligadas àquelas

---

12 *Ibidem*, p. 261. "Some people would regard division as being as bad, or nearly as bad, as ordinary death. This reaction is irrational. [...] Consider my relation to each of these people. Does this relation fail to contain some vital element that is contained in ordinary survival? It seems clear that it does not. I would survive if I stood in this very same relation to only one of the resulting people".

13 Um conhecido defensor dessa posição é OLSON, Eric T. *The Human Animal. Personal Identity without Psychology.* Nova Iorque: Oxford University Press, 1997.

condições que resumi sob o conceito de consciência robusta. A intuição de preferir a abordagem psíquica à abordagem biológica parece ser mais forte. A perspectiva de poder substituir o próprio corpo biológico por um artificial, como se fosse uma prótese – se isso não prejudicar nossa vida psíquica –, parece ser um cenário mais desejável do que alternativo, diante de se manter o próprio corpo biológico intacto, mas com graves perdas de nossa vida mental para isso.[14]

Com essas distinções conceituais em mãos, duas questões serão abordadas nos tópicos seguintes. Uma é a questão de quais cenários de digitalização de mentes podem ser geralmente classificados como bem-sucedidos. A outra é a questão de como os cenários classificados como bem-sucedidos se relacionam com suposições sobre nossa identidade ao longo do tempo: qual é o indicador de que a pessoa foi realmente transferida com sucesso para seu novo meio de transporte após a digitalização da mente? Como avaliar a situação se for 'apenas' uma cópia ou um sucessor qualitativamente semelhante? Seriam essas as melhores opções que podemos obter?

4. Digitalização da mente e consciência de si

Nossa forma de viver é essencialmente caracterizada por seres viventes dotados de consciência, e por isso, não havendo obstáculos significativos, nosso sistema de consciência se desenvolve em uma consciência robusta. Se perdermos esta consciência robusta, nossa existência como pessoa humana fica gravemente limitada,[15] já que não podemos mais

14 Há, é claro, respostas animalescas para essa intuição. Sobre a complexa relação entre concepções metafísicas de identidade e questões de racionalidade prática, por exemplo GASSER, Georg. "Zum Verhältnis von personaler Identität und praktischer Rationalität". *In*: GASSER, G.; SCHMIDHUBER, Martina (eds.). *Personale Identität, Narrativität und praktische Rationalität. Die Einheit der Person aus metaphysischer und praktischer Perspektive.* Münster: Brill Mentis, 2013, p. 11-38.

15 Não consideramos aqui a questão de saber se então perdemos totalmente nosso status pessoal ou se esse status existe independentemente de certas realizações ativas da consciência.

participar ativamente de muitos processos que são característicos do sistema de vida humano-pessoal.[16]

Um carregamento mental bem-sucedido implica, consequentemente, que nossa consciência não sofra nenhuma deficiência significativa e que possamos continuar nossa forma de vida pessoal de modo completo, isto é, adaptado às novas condições. A questão-chave, então, é como avaliar as chances de manter uma consciência robusta por meio de uma digitalização e transferência da mente. Essa questão depende – além das dificuldades técnicas da transferência de consciência – essencialmente de quais sistemas podem ser conscientes. Existem duas respostas básicas para isso. A primeira resposta diz que apenas os sistemas biológicos podem desenvolver a consciência, já que é um tipo de fenômeno biológico. A outra resposta, por outro lado, considera que não é a biologia, mas são as estruturas causais e sua complexidade – independente da respectiva realização material – que são decisivas, uma vez que a consciência não se determina biologicamente, mas funcionalmente.

Desde que, mais tarde, passei a ver diferentemente a teoria biológica da consciência, volto a ver de outro modo a abordagem funcional da consciência. O ponto crucial de uma teoria funcional da consciência é interpretá-la como expressão da conexão causal entre entrada, saída e os mecanismos internos de processamento que se encontram entre elas, quando a realização material já não é mais importante. A consciência é equiparada a algum tipo de programa de computador realizado biologicamente e, assim como o *software* pode ser reproduzido de diferentes maneiras em um *hardware* adequado, a mesma consciência pode ser sustentada por diferentes substratos materiais, desde que sejam funcionalmente "isomórficos".[17]

---

16 Abriu-se uma possibilidade de conceder status pessoal a esses indivíduos no sentido de participação nas práticas sociais que normalmente atribuímos a pessoas humanas.

17 Tomo essa expressão de CHALMERS, David. *The Singularity: Could artificial intelligence really out-think us (and would we want it to)?* Cambridge: Imprint Academic, 2016, p. 45.

Se essa abordagem estiver correta, a transferência de uma consciência de um corpo biológico para um corpo artificial se torna possível, desde que o aparato artificial represente a estrutura causal relevante das partes necessárias para a realização da consciência, e as partes artificiais tenham, portanto, os mesmos papéis causais que as partes originais biológicas.

Se for esse o caso, a próxima questão que surge é se a consciência é mantida por meio de mudanças no substrato material, mas qualitativamente alterada, uma vez que uma realização biológica envolve uma dimensão de experiência diferente em comparação com uma realização artificial. Para responder a essa pergunta, pode-se recorrer a uma distinção comum na filosofia da mente entre dois aspectos da consciência, a saber, o cognitivo e o fenomenal. O aspecto cognitivo inclui pensar, falar e agir. Estados como ter uma crença, almejar um objetivo ou formular um pensamento são exemplos típicos do aspecto cognitivo da consciência. Por outro lado, está o aspecto fenomenal, que consiste na coloração qualitativa dos estados de consciência; e por isso se sente de um modo muito específico ter um determinado estado cognitivo.[18]

De acordo com essa distinção, pode ocorrer que dois indivíduos estejam no mesmo estado cognitivo, como reconhecer uma maçã, enquanto o correspondente aspecto qualitativo seja diferente. Em que poderia se basear tal diferença qualitativa? A resposta óbvia é que a diferença está baseada em uma realização material diferente, por estrutura funcional que permanece igual.[19] Surgem dúvidas sobre essa resposta em vista do fato de que a realização material concreta da consciência nos organismos

---

18 Por exemplo, BLOCK, Ned. "On A Confusion about A Function of Consciousness". *Behavioral and Brain Sciences,* 18: 227-247, 1995.

19 Isso também é apoiado pelo conhecido argumento dos qualia invertidos: imagine dois sistemas visuais que fazem exatamente as mesmas distinções de cores; mas sempre que determinado espectro de luz atinge o sistema A, isso leva a uma impressão de cor vermelha, porém, quando atinge o sistema B, causa nele uma impressão de cor azul. Veja, por exemplo, HORGAN, Terry. "Functionalism, Qualia, and the Inverted Spectrum". *Philosophy and Phenomenological Research,* 44: 453-469, 1984.

está em constante mudança como resultado de processos metabólicos; novas células estão constantemente sendo formadas, antigas substituídas e células existentes entrando em novas conexões. Afinal, as redes neurais não são estruturas estáticas. Em nossa constituição biológica, então, as estruturas funcionais da consciência parecem permanecer (de modo relevante) idênticas, enquanto suas respectivas realizações fisiológicas parecem estar sujeitas a mudanças permanentes. Se for assim, e o aspecto qualitativo da consciência estiver ligado à realização material, isso resultaria em constante mudança da dimensão fenomenal da consciência. No entanto, como não notamos tal mudança, pode ser que ela não ocorra. Se a substituição contínua de componentes biológicos de um organismo não precisa mudar o aspecto fenomenal de sua consciência, então pode-se concluir que presumivelmente uma substituição de componentes biológicos por artificiais também não precisa fazê-lo. Enquanto a organização funcional da consciência for preservada, nem o aspecto cognitivo nem o aspecto fenomenal da consciência devem sofrer qualquer mudança perceptível.

Como Chalmers escreve:

> Se isso for verdade, podemos dizer que a consciência é uma invariável organizacional: ou seja, sistemas com as mesmas estruturas de organização causal têm os mesmos estados de consciência, independentemente de essa organização ser em neurônios, em silício ou estar implementada em outro substrato.[20]

Resumindo as considerações feitas: a percepção de que à luz de uma teoria funcional da consciência não há razões fundamentais contra a

---

20 CHALMERS, David. "The Singularity. A Philosophical Analysis". *Op. Cit.*, p. 48. "If this is right, we can say that consciousness is an organizational invariant: that is, systems with the same patterns of causal organization have the same states of consciousness, no matter whether that organization is implemented in neurons, in silicon, or in some other substrate". Este assunto está detalhado em CHALMERS, David J. "Absent Qualia, Fading Qualia, Dancing Qualia". *In*: METZINGER, Thomas (ed.). *Conscious Experience.* Paderborn: Imprint Academic, 1995, p. 309-330.

possibilidade de uma transferência de consciência entre sistemas biológicos e não biológicos é decisiva. Se a consciência é funcionalmente organizada, então a preservação da estrutura funcional pode ser crucial para a identidade da consciência, enquanto sua realização em substratos materiais apropriados é de importância secundária.

5. Considerações teóricas da identidade: de originais, cópias, sucessores e simulações

Se a prospectiva de uma transferência de consciência for de fato tecnicamente viável um dia, surge outra questão crucial sobre quem se tornará consciente de si mesmo após uma digitalização e transferência mental: serei eu? Se não, quem é essa pessoa? E qual é a relação dela comigo? Usando as distinções apresentadas anteriormente entre identidade numérica, qualitativa e continuidade psicológica, podem se abrir vários cenários possíveis como respostas a essas questões. A seguir veremos quatro desses cenários. Primeiro, porém, discutirei outro cenário que não é sobre a transferência digital da mente, mas sobre uma substituição gradual do corpo biológico por artefatos técnicos.[21]

Em debates sobre identidade, esses cenários de troca são frequentemente explicados pelo "navio de Teseu": se todos os anos as pranchas velhas tiverem que ser sempre substituídas por novas em alto mar, então chega a hora em que todos os componentes originais terão sido substituídos. A questão é se ainda é o navio original ou se deixou de existir em algum momento durante o processo de reforma. Por analogia se pode imaginar que as estruturas biológicas da consciência são sucessivamente substituídas por estruturas artificiais, funcionalmente isomórficas. Conclui-se que a pessoa com os portadores estruturais artificiais de consciência seja idêntica à pessoa original, pois, semelhante ao transplante de um

21 Este cenário se discute (falsamente) com frequência no contexto da digitalização e carregamento da mente.

órgão ou à instalação de uma prótese, componentes estranhos assumem funções no próprio corpo e assim se tornam componentes integrantes do corpo. Nesse cenário, há apenas uma pessoa cuja constituição material foi alterada. Tendo em conta o que discutimos acima sobre a consciência funcional, esse cenário não tem mais importância. Dentro desse quadro, os quatro cenários em termos de teoria da identidade mais interessantes são:

Cenário I: a pessoa original biológica passa por um processo destrutivo de carregamento da mente e, portanto, deixa de existir, enquanto a pessoa transferida para um portador artificial de consciência preserva a consciência da pessoa original. O carregamento digital da mente se realiza em um momento, e é por isso que todas as realizações relevantes da consciência, incluindo seus conteúdos, são mantidas e são encontradas novamente na pessoa com o portador artificial da consciência em momentos seguintes. Isso sugere que esse cenário tem alguma semelhança com o cenário de substituição esboçado acima, ou seja, que ele envolve uma espécie de transplante instantâneo do importante portador de consciência. A distinção entre uma substituição instantânea da importante estrutura coincide com uma transferência de consciência de um corpo para outro. Portanto, pode ser assumida aqui a identidade numérica entre a pessoa original e a pessoa com um portador artificial da consciência.

Uma objeção à tese da identidade numérica nesse cenário é que uma transferência de pessoas resultante do carregamento da mente contradiz as intuições comuns sobre como os objetos materiais em nosso ambiente de vida se movem de um lugar para outro. No caso em questão, esse movimento pode ser mínimo, se o ponto de localização permanece basicamente o mesmo, mas à medida que afastamos os pontos de localização, essa intuição se reforça. Sendo que não podemos acompanhar a transferência de carregamento mental do mesmo modo como se movem objetos materiais no espaço e no tempo, devemos tomar cuidado ao identificar a pessoa em um portador artificial de consciência com a pessoa original. Seria antes uma cópia criada, psicologicamente idêntica à pessoa original, que não sobreviveu ao processo de transferência da mente. Como enfatizam Joseph Corabi e Susan Schneider:

> Embora seja possível que os substratos se comportem de maneiras tão bizarras, a questão é se é justificável acreditar que eles realmente o fazem. Objetos físicos comuns simplesmente não se comportam assim. [...] esse tipo de descontinuidade espacial e temporal é incompatível com as visões padrão sobre as condições de resistência de objetos comuns – essas intuições são muito mais fortes do que quaisquer intuições particulares sobre a existência continuada de uma pessoa nesse tipo de cenário.[22]

Essa objeção é convincente? Corabi e Schneider dizem que objetos físicos comuns não se comportam como a transferência de consciência assumida no cenário. Mas a questão crucial é se podemos imaginar que tal transferência seja fundamentalmente possível, e contra isso parece não haver nada a se dizer. O ceticismo formulado por Corabi e Schneider provavelmente se baseia principalmente no fato de que atualmente não somos confrontados com tais cenários e, como resultado, os critérios epistêmicos para nossa identidade ao longo do tempo estão ligados à nossa corporificação biológica e seu modo de locomoção. No entanto, deve-se distinguir os critérios epistêmicos da identidade pessoal frente às condições metafísicas da mesma.

Além disso, pode-se argumentar que entre entidades conscientes e objetos físicos comuns deva haver uma clara distinção, uma vez que as entidades conscientes diferem de objetos puramente físicos de maneiras fundamentais. A consciência não é um simples acessório de certas

---

22 Veja por exemplo CORABI, Joseph; SCHNEIDER, Susan. "The Metaphysics of Uploading". *Journal of Consciousness Studies*, 19: 7-8; 26-44, 2012. "While it is possible that substrata behave in such bizarre ways, the issue is whether it is justifiable to believe that they really do so. Ordinary physical objects simply do not behave like this. [...] this sort of spatial and temporal discontinuity is incompatible with standard views about the endurance conditions of ordinary objects – these intuitions are much stronger than any particular intuitions about the continued existence of a person in this sort of scenario".

entidades materialmente constituídas; em vez disso, o que sabemos sobre o mundo material torna a conexão entre matéria e consciência um grande enigma.[23] Portanto, não se aplica uma analogia entre a locomoção de entidades materiais conscientes e não conscientes, uma vez que a consciência deve ser tratada como realidade análoga e não junta com objetos físicos comuns com suas condições (limitantes) associadas à locomoção. A intuição de que entidades conscientes teriam que se mover no espaço e no tempo como outras entidades materiais provavelmente é, significativamente, mais tênue do que a assumida por Corabi e Schneider.

Cenário II: a pessoa original passa por um processo não destrutivo de carregamento mental e subsequentemente continua a existir inalterada; além de esse cenário criar uma pessoa com um portador artificial de consciência cuja consciência é qualitativamente idêntica à da pessoa original. Supõe-se que a pessoa no portador artificial da consciência é uma cópia da pessoa original por meio do carregamento da mente. Essa interpretação é apoiada pelo fato de as 'condições de descendência' entre essas pessoas e a pessoa original diferirem significativamente antes e depois do carregamento da mente. Enquanto a pessoa no portador artificial de consciência surgiu por meio de uma intervenção técnica externa e, portanto, só começou a existir graças à tecnologia de carregamento da mente, os estados da pessoa original antes e depois do carregamento da mente estão ligados por uma relação causal intrínseca. Assim, a pessoa original deu as contribuições causais decisivas para sua existência continuada, e não depende de fatores externos para isso. Portanto, pode-se

---

23 Veja, por exemplo, CHALMERS, David J. "Consciousness and its Place in Nature." *In*: STICH, Stephen P. (ed.). *The Blackwell Guide to Philosophy of Mind*. Malden: Wiley-Blackwell, 2003, p. 102-142, aqui p. 104: "It is natural to hope that there will be a materialist solution to the hard problem and a reductive explanation of consciousness, just as there have been reductive explanations of many other phenomena in many other domains. But consciousness seems to resist materialist explanation in a way that other phenomena do not."

supor identidade numérica entre a pessoa original antes e depois do carregamento da mente; enquanto entre a pessoa original antes do carregamento da mente e a cópia resultante, existe uma relação causal extrínseca, que apenas estabelece uma relação de continuidade entre ambas. Por outro lado, quem quiser seguir nesse ponto as considerações de Parfit, falará de duas relações de continuidade entre a pessoa original antes e depois do carregamento da mente e a cópia criada nessa operação. Uma distinção pode então ser feita entre um 'sucessor' mais próximo e um mais distante da pessoa original, antes do carregamento da mente, uma vez que a pessoa original após o carregamento está mais diretamente conectada ao portador artificial da consciência do que a pessoa criada por ele. Em última análise, este último sucessor não resulta da existência biológica continuada 'normal', mas só passa a existir por meio de um processo técnico complexo.[24]

Cenário III: a pessoa original passa por um processo destrutivo de carregamento da mente e posteriormente deixa de existir, enquanto a transferência da mente não é realizada uma vez, mas duas vezes devido a um defeito técnico. Resultam, portanto, dois sucessores qualitativamente idênticos que estão em relações simétricas com a pessoa original. Uma distinção entre um sucessor mais próximo e um sucessor mais distante, como no cenário II, não é então possível. Em vez disso, ambas as pessoas podem reivindicar igualmente serem idênticas à pessoa original. Com a ajuda da relação de continuidade psicológica, esse cenário pode ser interpretado de tal forma que a pessoa original não "sobreviveu" uma vez, mas duas vezes através do carregamento da mente, já que a transferência de consciência foi duplamente bem-sucedida e trouxe dois sucessores à existência.

---

24 A questão do que conta como 'natural' e o que conta como 'artificial' é discutível, já que as transições são fluidas. Também não há acordo sobre a questão de quais processos causais devem ser julgados como "diretos" e quais como "desviantes". Qualquer pessoa que queira distinguir entre sucessores mais próximos e mais distantes terá que desenvolver critérios de distinção apropriados.

Essa interpretação, à primeira vista, pode parecer contraintuitiva, uma vez que contradiz o mundo da experiência que conhecemos como pessoas. No entanto, é difícil ver por que um único sucessor através de um carregamento mental bem-sucedido deve representar um caso não problemático de identidade numérica, ao mesmo tempo que uma mudança acidental nos fatos, como o referido defeito técnico, deve evocar conclusões bastante diferentes. Como já mencionado, a vantagem de usar a relação de continuidade reside no fato de que ela se mostra suficientemente flexível para interpretar a conhecida persistência inequívoca no tempo, bem como cenários de duplicação de maneira uniforme: em ambos os casos, há uma relação de continuidade, mas no cenário de duplicação não existe uma vez, mas duas vezes.

Quem rejeitar tal interpretação não vai querer abrir mão da vantagem especial da identidade numérica, ou seja, a não ambiguidade metafísica. Graças à identidade numérica, seria possível uma distinção conceitual inequívoca entre uma pessoa idêntica no tempo e a sua cópia, mas a base dessa distinção seria um fato adicional, não mais acessível e determinável – por exemplo, em uma alma imaterial indivisível, a perspectiva de primeira pessoa, ou seja, de eu e minhas particularidades com base na fenomenologia.[25] O problema com todas essas propostas é que elas não nos permitem comprovar, isto é, se o meu eu de minhas experiências atuais ou minha perspectiva de primeira pessoa atual corresponde ao "meu eu" de minhas experiências de ontem ou minha perspectiva de primeira pessoa de ontem. Tudo o que posso dizer é que tenho razões fenomenológicas e racionais para acreditar que sou o mesmo de ontem, já que não vejo grandes mudanças em mim e no meu mundo da experiência. É duvidoso que essa qualidade fenomênica de 'semelhança' que

---

25 Para uma análise mais direta sobre esse tema da 'fácil' teoria da identidade, cf. GASSER, Georg. "Simple Subjects, the First-Person-Perspective and Persistence". *In*: BUONOMO, Valerio (ed.). *The Persistence of Persons. Studies in the Metaphysics of Personal Identity Over Time.* Neunkirchen-Seelscheid: Editiones Scholasticae, 2017, p. 91-114.

nos é acessível apenas resulte de um fato de identidade numérica, que independe de condições físicas e psicológicas. Uma semelhança qualitativa suficientemente forte, no sentido de uma continuidade psicológica, já deveria ser o bastante para manter a "semelhança", pois em que essa qualidade deveria se basear, senão em uma semelhança muito forte na estrutura e conteúdo dos estados de consciência anteriores e atuais?

Em um cenário de duplicação, em contraste com o normal a que estamos acostumados, duas pessoas mostrarão esse aspecto de 'semelhança' com seu predecessor, pelo que as diferenças entre os dois sucessores no início devem ser tão pequenas quanto entre o eu de hoje e o de ontem. Um dado metafísico de identidade numérica pode decidir qual dos dois sucessores é idêntico à pessoa original, mas como esse dado pode não ser fenomenológico ou cognitivamente acessível para nós, desaparece o benefício de reivindicar a identidade numérica.[26]

Quem, por outro lado, prefere aderir à identidade numérica e ao mesmo tempo à identidade qualitativa em cenários de duplicação terá que desenvolver uma nova lógica de identidade no tempo. Porque então não se aplica mais apenas a uma das duas pessoas que for numericamente idêntica à pessoa original, mas agora se aplica a ambos os sucessores. A identidade numérica pode, até certo ponto, se ramificar (*branching identity*), de modo que não há razão para substituir a identidade numérica pela relação de continuidade mais fraca. A tese é, portanto, que a identidade numérica também pode existir em relação a duas pessoas separadas por espaço e tempo, pois as pessoas digitais por si têm a propriedade de poder existir em vários lugares. Os defensores dessa abordagem admitem abertamente que tal noção de identidade numérica é contraintuitiva e provavelmente

---

26 O mero conhecimento metafísico da própria identidade numérica não parece ter nenhum valor prático particular, uma vez que, por exemplo, o conhecimento da identidade na perspectiva de primeira pessoa ou o 'meu' são vazios em termos de conteúdo. Eles não fornecem nenhum ponto de partida para poder integrar de forma alguma a vida anterior na vida presente.

está além de nossa capacidade de a compreender de forma precisa e abrangente.[27] Essa é uma séria desvantagem, que levanta a questão de saber se a ideia de uma identidade ramificada é útil para questões de identidade de entidades materiais, especialmente porque a relação de continuidade facilmente compreensível está disponível como alternativa.[28]

Cenário IV: neste cenário o carregamento da mente basicamente não funciona; apenas uma simulação da pessoa original pode ser criada. Em contraste com uma cópia qualitativamente idêntica, tal simulação carece de qualquer vida interior que valoriza a importância da existência para nós. Trata-se muito mais de um poderoso programa de computador que conhece todos os dados essenciais da vida de uma pessoa e é capaz de usá-los para criar uma espécie de autobiografia digital que reconstrói as formas originais dela pensar, falar e se comportar usando inteligência artificial. Quando as empresas mencionadas acima, como LifeNaut e Eternime, com *MindFiles* e similares, lançam o anúncio, visam principalmente essas simulações. Estas contêm, de modo ideal, muito mais informações sobre a pessoa original do que ela sabe sobre si mesma, pois esquecemos e reprimimos muito do que experimentamos, no entanto, todas essas informações são armazenadas em uma simulação suficientemente poderosa e podem ser

27 Ver CERULLO, Michael A. "Uploading and Branching Identity". *Minds and Machines,* 25: 17-36, 2015, aqui p. 28: "[...] our intuition about objects may mislead us when thinking about the continuation of subjective identity. [...] we will probably never be able to completely imagine consciousness splitting off into parts that are equally ourselves." Aparentemente, a *branching identity* já foi discutida na escolástica em relação à capacidade atribuída aos anjos de estarem presentes em diferentes lugares ao mesmo tempo. Para isso, cf. CAPPUCCIO, Massimiliano L. "Mind-Upload. The Ultimate Challenge to the Embodied Mind Theory". *Phenomenology and the Cognitive Sciences,* 16: 425-448, 2017, aqui p. 440-445. Para detalhamento ele se refere a: PINI, Giorgio. "The Individuation of Angels from Bonaventure to Duns Scotus". *In*: HOFFMANN, Tobias (ed.). *A Companion to Angels in Medieval Philosophy (Brill's Companions to the Christian Tradition 35).* Leiden: Brill, 2012, p. 79-115.

28 Para argumentação mais detalhada, ver BAUER, William A. "Against Branching Identity". *Philosophia,* 45: 1709-1719, 2017. Ele contrapõe a abordagem da *branching identity* à clássica abordagem de continuidade psicológica, conforme Parfit.

acessadas a qualquer momento. É por isso que Eric Steinhart escreve sobre essas simulações, que ele chama de espírito:

> Seu espírito é um programa artificialmente inteligente que sabe muito mais sobre os humanos em geral. O espírito sabe mais sobre você do que você mesmo, seu espírito não esquece. E ele entende sua vida em um nível mais profundo do que você, ele é capaz de ver padrões em seu diário que você não consegue ver. É uma perspectiva superior em primeira pessoa.[29]

Tal simulação difere radicalmente do original por não conter em seu funcionamento a vida interior decisiva de nosso modo de existir, mas pode-se argumentar que é a melhor forma de continuação daquilo que parece ser importante para nós sobre nossa existência, uma vez que o carregamento da mente não tem (melhor) alternativa. A questão decisiva, então, não é de que modo continuamos a existir como a mesma pessoa viva ou semelhante a ela, mas como nós, enquanto pessoa (falecida), podemos, apesar de tudo, permanecer presente na medida do possível.[30]

Com isso, concluo a discussão de várias maneiras óbvias pelas quais as tecnologias futuras podem afetar nossa identidade no tempo. Com base nos cenários discutidos, duas coisas em particular devem ter ficado claras: quem vê apenas a identidade numérica como garantia de sobrevivência da pessoa original, que entra no aparelho para carregamento mental, ficará cético sobre a validade de tal procedimento, pois a relação entre a pessoa original e a pessoa resultante do carregamento da mente não pode ser determinada claramente como identidade numérica, devido a pouca clareza sobre localização e processos causais, a saber, a possibilidade de vários sucessores. A alternativa de interpretar a identidade pessoal ao longo do

---

29 STEINHART, Eric. "Survival as a Digital Ghost". *Minds and Machines,* 17: 261-271, 2007, aqui p. 263: "Your spirit is an artificially intelligent program that knows a lot about humans generally. Your spirit knows more about you than you do. Your spirit does not forget. And it understands your life at a deeper level than you do. It is able to see patterns in your diary that you cannot see. It is a higher first-person perspective."

30 *Ibidem,* p. 271.

tempo como continuidade psicológica, por outro lado, reduz as preocupações com o carregamento da mente, uma vez que a continuidade oferece uma chave de interpretação uniforme para o mundo da vida que conhecemos e os cenários delineados pela tecnologia de carregamento mental. Além disso, em certos cenários, podem-se distinguir claramente a pessoa original e, nas cópias, os sucessores mais próximos e distantes.

6. Duas objeções à possibilidade de carregamento da mente

Até agora, as apresentações anteriores foram sobre a adequação de uma teoria funcional da consciência. Por fim, se faz necessário discutir duas objeções a essa teoria, a fim de "sondar" a visão futura do carregamento da mente com mais clareza sobre seu potencial de realização.

Lembrando: a tese central de uma teoria funcional da consciência afirma que a consciência representa uma espécie de programa digital (*software*) que eventualmente é processado em aparelho (*hardware*) biológico. Ações mentais como formular uma ideia ou um objetivo, representar um objeto ou controlar ações são, por sua própria natureza, tarefas do processamento de informações. Além disso, é preciso notar que, para o carregamento mental bem-sucedido, não é suficiente simular a consciência usando um sistema técnico; esse próprio sistema deve ser consciente.[31] Com base na presente discussão, uma teoria funcional da consciência tende assim para a tese de que a consciência é independente de sua realização material concreta. A empiria determina, em última instância, se essa tese é correta. Pode-se, todavia, levar a pergunta mais adiante, referindo-se ao que essa tese diz à luz de nosso atual conhecimento empírico sobre o mundo. Olhando mais de perto, o que se pretende se torna relativamente estreito. O fato é que atualmente não conhecemos

31 A séria diferença é evidente, por exemplo, no experimento sobre o pensamento do "quarto chinês", em SEARLE, John R. "Minds, Brains, and Programs". *Behavioral and Brain Sciences,* 3: 417-424, 1980.

nenhuma forma de consciência que não tenha sido realizada em seres vivos. E há boas razões químicas para isso: tais propriedades dos vários elementos da tabela periódica deixam claro que o carbono desempenha um papel único como base para a origem da vida. O silício é provavelmente a única alternativa, mas comparado ao carbono, esse elemento já é consideravelmente menos flexível quimicamente. Os (cosmo)biólogos Dirk Schulze-Makuch e Louis Irwin resumem essa avaliação da seguinte forma:

> O carbono exibe muitas propriedades que o tornam especialmente adequado para os processos de manutenção da vida. [...] O outro único elemento que se aproxima da versatilidade do carbono e é comum o suficiente para ser um bloco de construção universal é o silício. [...] No entanto, não se conhece nenhum metabolismo bioenergético abrangente que não dependa de complexos processos químicos de carbono, apesar da alta abundância de oxigênio e silício na Terra e da concentração relativa de silício em outros planetas terrestres. Assim, se outros elementos além do carbono são os blocos de construção de qualquer sistema vivo em outros mundos, eles quase certamente existem sob condições muito diferentes daquelas na Terra, incluindo temperaturas e pressões onde a água não pode ser o solvente.[32]

Em vista dessa evidência empírica, as restrições para poder transferir a consciência de um substrato material para outro aumentam consideravelmente. Em vez disso, como disse John Searle, a consciência aparece como um fenômeno biológico, já que, obviamente, apenas os seres vivos têm as propriedades correspondentes para desenvolver a consciência a

32 SCHULZE-MAKUCH, Dirk; IRWIN, Louis N. *Life in the Universe. Expectations and Constraints (Advances in Astrobiology and Biogeophysics).* Berlim: Springer, 2008, p. 108. "Carbon exhibits many characteristics that make it uniquely suited for life-supporting processes. [...] The only other element that approaches the versatility of carbon and is common enough to be a universal building block is silicon. [...] But no comprehensive bioenergetic metabolism is known to arise from non-carbon complex chemistry, despite the high abundance of oxygen and silicon on Earth, and the relative concentration of silicon on other terrestrial planets. Thus, if elements other than carbon constitute the building blocks for any living system on other worlds, they almost surely exist under conditions far different from those on Earth, including temperatures and pressures where water could not be the solvent."

partir de certo nível de complexidade. Funções biológicas como crescimento, regeneração ou reação a sinais químicos requerem certos princípios químicos básicos que não podem ser submetidos a grandes modificações. Searle escreve:

> Seja qual for, a intencionalidade é sempre um fenômeno biológico e é provavelmente tão causalmente dependente da bioquímica específica de sua origem quanto a lactação, a fotossíntese ou outros fenômenos biológicos. Ninguém teria imaginado que poderíamos produzir leite e açúcar por simulação de computador das sequências formais da lactação e fotossíntese, mas no que diz respeito à mente, muitas pessoas estão dispostas a acreditar em tal milagre porque é um profundo e confirmado dualismo: a mente, eles sugerem, é uma questão de processos formais e independente de causas materiais definidas, diferente do que são o leite e o açúcar.[33]

Em outras palavras, a funcionalidade de um sistema não está apenas ligada à estrutura causal e à disposição de suas partes, mas resulta também das respectivas propriedades específicas do material, e aqui as modificações químicas são claras limitações. Uma reprodução perfeita dos fundamentos biológicos da consciência com outros materiais provavelmente não levará a um sistema que possa desenvolver a consciência, muito menos a um que seja comparável em seus aspectos cognitivos e fenomenais. Ao se levar em conta essa dependência da função de um sistema em relação à sua realização material, uma teoria estritamente funcional da consciência perde sua força persuasiva, pois, no mínimo, se aproxima muito de uma teoria biológica da consciência, se de fato não chegar a coincidir com ela. Para essa abordagem biológica, no entanto, as

---

33 SEARLE, Jhon R. "Minds, Brains, and Programs". *Op. Cit.*, p. 424. "Whatever else intentionality is, it is a biological phenomenon, and it is as likely to be as causally dependent on the specific biochemistry of its origins as lactation, photosynthesis, or any other biological phenomena. No one would suppose that we could produce milk and sugar by running a computer simulation of the formal sequences in lactation and photosynthesis, but where the mind is concerned many people are willing to believe in such a miracle because of a deep and abiding dualism: the mind they suppose is a matter of formal processes and is independent of quite specific material causes in the way that milk and sugar are not."

perspectivas de um carregamento da mente bem-sucedido são sombrias, pois isso incidiria em limitação de substratos biológicos.[34]

Uma segunda objeção semelhante, mas, por seu direcionamento contra a possibilidade de um carregamento da mente, surge mais forte pela perspectiva da 'mente incorporada' (*embodied mind*). Esse conceito representa um amplo programa de pesquisa cuja tese central afirma que a consciência é corporificada e, com isso, os processos conscientes só podem ser adequadamente compreendidos por meio do corpo e do ambiente nos quais o organismo se encontra.[35] A consciência, portanto, não requer apenas uma base biologicamente constituída para ser capaz de existir, pois ela só surge por meio de sua inserção específica num corpo biológico em seu ambiente. A fronteira estritamente traçada entre a consciência, de um lado, e seus fundamentos biológico-físicos, de outro lado, é, portanto, inadequada, uma vez que a consciência e o corpo se relacionam de maneira complementar mútua, e só podem ser separados um do outro por abstração conceitual. Consequentemente, a consciência não existe como uma estrutura puramente formal-funcional que pode ser transferida para diferentes substratos. Em vez disso, o constitutivo para a consciência é sua incorporação nos padrões individuais de interação do corpo interno e nos processos de interação do corpo com seu ambiente. Como a consciência é intrinsecamente caracterizada por essas estruturas específicas, uma transferência de consciência de um substrato biológico para outro certamente mudará a identidade numérica da consciência. Massimiliano Cappuccio resume essa tese da seguinte forma:

> A identidade individual de um espírito, seu status real (existência) e [...] poderes causais existem apenas em relação à sua implementação corporal: não apenas a

---

34 Cf. PIGLIUCCI, Massimo. "Mind Uploading. A Philosophical Counter-Analysis". *In*: BLACKFORD, Russell; BRODERICK, Damien (eds.). *Intelligence Unbound. The Future of Uploaded and Machine Minds.* Chichester: Wiley-Blackwell, 2014, p. 119-130. Ele apresenta uma crítica a esse respeito em contraposição à teoria de Chalmers sobre o *Mind Uploading.*

35 Cf. FINGERHUT, Jörg; HUFENDIEK, Rebekka (eds.). *Philosophie der Verkörperung. Grundlagentexte zu einer aktuellen Debatte.* Berlim: Suhrkamp, 2013.

> existência, mas também a essência do espírito particular depende das circunstâncias contingentes de sua realização material; e a própria essência das funções mentais é determinada pelas contingências de sua constituição existencial.[36]

Assim, enquanto o *Mind Uploading* distingue metafisicamente a 'essência' da consciência de sua existência concreta, uma vez que esta pode ser realizada de várias maneiras, a abordagem da consciência incorporada assume que a essência da consciência está constitutivamente relacionada à sua inserção corporal de existência concreta e, consequentemente, essência e existência coincidem. Nesse contexto, Thomas Fuchs fala de uma conexão interna entre vida e experiência. Estar consciente anda de mãos dadas com uma experiência fundamental de estar vivo, e essa experiência, como aponta Fuchs, é essencialmente fundamentada na corporificação específica do indivíduo:

> A experiência, qualquer que seja o nível de consciência, é sempre a autoconsciência do organismo em sua relação real com o meio. Não é um mero espaço mental ou um túnel fenomênico criado no cérebro, mas sim uma manifestação da vitalidade do organismo como um todo.[37]

Fuchs, diferente de Searle, interpreta a consciência não apenas como um fenômeno biológico que, basicamente, não difere de fenômenos como fotossíntese, respiração ou metabolismo lipídico. Para ele, a consciência está bem mais intrinsecamente ligada a processos específicos dentro do corpo e a padrões de interação entre o corpo e seu ambiente. Por isso, seria impossível uma transferência de consciência entre corpos diferentes

---

36 CAPPUCCIO, Massimiliano. "Mind-Upload". *Op. Cit.*, p. 438: "[...] individual identity, real status (existence), and [...] causal powers of a mind exist only in relation to its bodily implementation: not only the existence, but also the very essence of one's mind depends on the contingent circumstances of its material realization; and the essence of mental functions itself is codetermined with the contingencies of its existential constitution."

37 FUCHS, Thomas. "The Feeling of Being Alive. Organic Foundations of Self-Awareness". *In*: FINGERHUT, Jörg; MARIENBERG, Sabine (eds.). *In*: *Feelings of Being Alive (Humanprojekt 8)*. Berlim: De Gruyter, 2012, p. 149-166, aqui p. 162: "Experience, in whatever degree of consciousness, is always the self-experience of the organism in its actual relation to the environment. It is not a pure mental space or phenomenal tunnel produced inside the brain, but rather a manifestation of the animateness of the organism as a Whole."

preservando a identidade. Uma transferência de consciência, na melhor das hipóteses, chegaria perto de uma cópia relativamente semelhante, uma vez que as diferentes histórias do corpo original e da cópia recém-criada provavelmente resultariam em diferenças perceptíveis na consciência. Ainda não foram abordadas as diferentes formas de interação social que surgiriam diante de um corpo artificial ou mesmo de uma efêmera existência digital e que, por sua vez, moldam a compreensão de nós mesmos.[38]

7. Encerrando

Se as empresas mencionadas no início anunciam que estão dando os primeiros passos para concretizar a visão da digitalização e transferência da mente ou da existência continuada no espaço digital, então esperamos ter deixado claro as dificuldades consideráveis no caminho desse objetivo. Pode-se imaginar a realização técnica de simulações de nós mesmos, continuando alguma vida própria em forma digital de avatar, após a nossa morte. Tais simulações são como uma forma interativa complexa de um álbum de memória do falecido; mas as diferenças entre a própria pessoa viva e sua simulação digital são profundas, conforme explicado. A tarefa muito mais desafiadora de realizar a transferência de uma pessoa por meio do carregamento da mente permanece não tocada por tais cenários de simulação.

Para entender a complexidade de tal transferência, abordei em minhas observações duas teorias da consciência: uma abordagem funcionalista, que é otimista em relação ao carregamento da mente, e uma abordagem biológica, que acaba sendo pessimista. Se a consciência for representada como um fenômeno biológico embutido nos processos de interação do organismo, então o isolamento da consciência dessas estruturas biológicas parece ser impossível. A evidência empírica atualmente disponível apoia a

38 Para isso, cf. HAUSKELLER, Michael. "My Brain, My Mind, and I. Some Philosophical Problems of Mind-Uploading". *International Journal of Machine Consciousness*, 4: 187-200, 2012.

abordagem biológica, uma vez que não apenas estamos cientes de sistemas conscientes biologicamente constituídos, mas de elementos químicos além do carbono, que provavelmente não fornecem a flexibilidade para funcionar como base para a consciência. Além disso, se as teorias da mente corporizada estiverem corretas em sua orientação básica, nossa constituição física deveria desempenhar um papel muito maior na expressão concreta da consciência do que assumem as abordagens funcionalistas.

No entanto, se tudo acontecer de maneira bem diferente e a consciência puder realmente ser realizada independentemente das estruturas orgânicas, e as estruturas materiais necessárias para nossa consciência puderem ser implementadas tecnicamente, então não está totalmente claro o que o carregamento da mente pode fazer para a pessoa em questão, do ponto de vista da identidade.[39] Preservar a identidade numérica revela-se difícil em certos cenários, enquanto a existência de continuidade psicológica representa uma opção realista. Argumentei que a continuidade psicológica deveria ser suficiente para garantir uma forma satisfatória de existência continuada. Afinal, mesmo agora, não podemos dizer com certeza se entre nós ontem e hoje estaria havendo identidade numérica ou 'apenas' uma relação suficientemente forte de continuidade psicológica. Se o carregamento das mentes for realmente possível no futuro – o que considero extremamente irreal pelas razões mencionadas –, então, provavelmente, seria uma nova forma de preservar a continuidade psicológica através da troca de corpo que leva algum tempo para se acostumar. No entanto, isso deveria bastar para nosso interesse por existência continuada no tempo.[40]

---

39 Tendo em vista essa incerteza teórica da identidade e possíveis falhas técnicas, Nicholas Agar, por exemplo, argumenta com base em considerações prudenciais para não se expor ao risco das possibilidades técnicas do upload da mente. Cf. AGAR, Nicholas. "Ray Kurzweil and Uploading: Just Say No!". *Journal of Evolution and Technology,* 22: 23-36, 2011.

40 Devo agradecimentos especiais a Rebekka A. Klein e especialmente a Ludger Jansen pelas questões construtivas e críticas. Com elas, a presente contribuição ganhou muito em qualidade estilística e argumentativa.

Imortalidade 2.0

Jobst Landgrebe e Barry Smith

O transumanismo é uma escola de pensamento que existe desde que Huxley[1] formulou pela primeira vez um programa transumanista. Em 1957, lentamente ganhou mais e mais seguidores desde a década de 1980. Entre outras coisas, essa escola de pensamento luta pela realização de uma imortalidade digital do 'eu' com a ajuda de computadores. Usando a teoria de sistemas complexos desenvolvida na física (termodinâmica), este capítulo mostra a impossibilidade de realizar a imortalidade digital em máquinas de Turing. Discute também brevemente as fontes histórico-intelectuais do transumanismo.

Uma proeminente transumanista, Martine Rothblatt,[2] fala de uma imortalidade digital, imaginada da seguinte forma: a tecnologia da informação do século XXI tornará tecnicamente possível separarmos nosso espírito[3] de nosso corpo biológico. E isso pode ser feito baixando material suficiente de nossas conexões neurais em um computador bastante avançado, criando um arquivo da mente que é inserido em um programa digital bem avançado, o qual chamamos de *mindware*, aparelho da mente. Uma vez concluído o processo de digitalizar e transferir, teríamos optado por uma nova forma de ser – em programa digital (*software*) –, mas

1 HUXLEY, Julian. "Transhumanism". *In: New Bottles for New Wine. Essays.* Londres: Chatto & Windus, 1957, p. 13-18.

2 Nascida em 1954 como Martin, após transgênero Martine, 1994.

3 A seguir, servindo-nos de traduções, trataremos 'espírito' e 'alma' como sinônimos, para designar a consciência humana e todos os fenômenos da experiência interior baseados nela, como tem sido feito desde meados do século XIX.

ainda seríamos a mesma pessoa (o eu).[4] Depois disso, uma pessoa pode existir ao mesmo tempo de modo real e em um computador, pois se trata de uma combinação da "forma característica de ver o mundo, com um padrão de reações, incluindo emoções", operada no seu Eu (*self*). E por não serem mais do que padrões de informação, nosso ego "pode usar esse programa para ser mapeado com o mesmo nível de detalhe oferecido por nosso cérebro".[5] O próximo passo é tornar possível uma nova forma de reprodução:

> Quando conseguirmos clonar digitalmente nossa mente, poderemos criar novos seres humanos (gente, povo) sincronizando nosso aparelho da mente (*mindware*) com o de nosso parceiro. E... com isso, estamos diante de uma reprodutiva geração de espécie *persona creata*, viva.[6] Como pessoas digitais podem se reproduzir desse modo como pessoas carnais (humanos de carne), seres humanos e transhumanos modelam a espécie da persona creata.[7]

Rothblatt também descreve as consequências dessa nova forma de reprodução, algo como o casamento entre humanos e transumanos, e questões de direitos civis e de cidadania deles. Ele coloca ainda a questão de a identidade sexual ser libertada da corporeidade. O eu digital não deveria incluir apenas a consciência, mas toda a pessoa, também com base em uma nova emulação digital do continuum corpo-alma.

O que Rothblatt e outros transumanistas estão expressando é o antigo anseio pela imortalidade e transcendência da corporeidade. O fardo do corpo, frágil e débil, mas sobretudo a necessidade de aceitar a própria mortalidade, é um dos motores essenciais da religiosidade[8] e

4 ROTHBLATT, Martine. "Mind is Deeper Than Matter. Transgenderism, Transhumanism and the Freedom of Form". *In*: MORE, Max; VITA-MORE, Natasha (eds.). *The Transhumanist Reader.* Oxford: Wiley-Blackwell, 2013, p. 317.

5 *Idem*.

6 Corrigimos o erro gramatical de Rothblatt (que fala incorretamente de *persona creatus*).

7 Cf. ROTHBLATT, Martine. *Op. Cit.*, p. 318.

8 Cf. BULTMANN, Rudolf. "Welchen Sinn hat es, von Gott zu reden?". *Theologische Blätter,* 4: 129-135, 1925.

um eterno motivo da metafísica, por exemplo em Schopenhauer, para quem a morte é "o próprio propósito da vida"[9] e a "grande oportunidade de não ser mais eu".[10]

O desconstrutivismo, que originalmente se desenvolveu como uma crítica marxista ocidental à dominação, a partir do antirracionalismo de Georges Bataille e Martin Heidegger,[11] assume para os transumanistas o papel que o cristianismo tem no dogma da imortalidade da alma: com a ajuda da digitalização do eu, pode ser agora finalmente superada a maior suspeita de Judith Butler sobre a conexão entre corpo e alma, a dependência do ego do corpo biológico. A condição criatural do ser humano, como mamífero que se reproduz sexualmente e cujo espírito está inseparavelmente ligado ao corpo,[12] deve ser superada em favor de um espírito completamente emancipado, puramente livre no sentido material: a ψυχή (psiqué) se torna realidade no computador. Curiosamente, o transumanismo não apenas usa a gnose antirracionalista do desconstrutivismo na tradição de Bataille e Heidegger,[13] mas ao mesmo tempo o racionalismo científico, pois ao que parece, só com a ajuda destes é que se pode efetivar a tecnologia com a qual os transumanistas sonham.

Isso torna o transumanismo internamente contraditório, pois uma teoria conforme a de Heidegger, pelo que conhecemos dele e de seus alunos, deveria rejeitar a tecnologia. No entanto, exatamente como dizem os escritos de Derrida ou Judith Butler, o transumanismo não é uma filosofia, mas sim um esoterismo secular, voltado para a salvação, que nada tem a dizer ao ser humano em sua forma corpórea.

---

9 SCHOPENHAUER, Arthur. *Die Welt als Wille und Vorstellung*. Berlim: Createspace, 2014, p. 732.

10 *Ibidem*, p. 582

11 PREPARATA, Guido. *The Ideology of Tyranny: Bataille, Foucault, and the Postmodern Corruption of Political Dissent*. Berlim: Palgrave MacMillan, 2007.

12 Cf. SCHELER, Max. *Die Stellung des Menschen im Kosmos*. Berna: Meiner, 1962, p. 80.

13 Cf. PREPARATA, Guido. *Op. Cit.*, 154 s.

1. A impossibilidade técnica da imortalidade digital

Vamos examinar a viabilidade da imortalidade digital com base no conhecimento científico comprovado por experimentos. Seria realmente possível implementar o plano transumanista? Nunca; isso é garantido. Dando sequência às argumentações anteriores, temos as seguintes etapas:

(1) O espírito humano é inseparável do corpo, formando uma continuidade interativa corpo-alma.

(2) Nossa consciência e todos os fenômenos mentais nela baseados são a emanação[14] de um processo material causado por um sistema complexo, ou seja, continuidade interativa corpo-alma.

(3) Sistemas complexos não podem ser modelados matematicamente e não podem ser entendidos de modo causal. Computadores são máquinas de Turing.

(4) Os computadores só podem calcular modelos matemáticos. As máquinas *Hyper-Turing* nunca vão existir e, se existissem, só poderiam calcular modelos matemáticos.

(5) Não é possível substituir a continuidade interativa mente-corpo por um computador (uma máquina de Turing).

Vejamos o detalhamento dessas premissas e a conclusão.

1.1 Continuidade interativa Mente-Corpo

A mente humana não funciona como um computador. Nem é concebível como separada do corpo, como Descartes e seus sucessores até Butler e Rothblatt o veem. Também não há dualidade corpo-alma, ao contrário, corpo e alma formam uma unidade. Essa posição é uma modificação do monismo nomológico proposto pelo materialista francês La Mettrie,[15] segundo o qual todos os fenômenos mentais que vivenciamos

---

14 Em termos de modelos de processos estocásticos, a definição ocorre em 1.2.

15 LA METTRIE, Julien Offray de. *L'homme machine* (1748). Paris: Hachette, 2016.

são processos físicos (dos neurônios) do cérebro. Corpo e alma estão igualmente sujeitos às leis da natureza, processos mentais são apenas um tipo especial de processos físicos que ocorrem no cérebro e, por sua vez, são causados por processos internos ou externos. O que resulta é estritamente causal, mas ao contrário da visão do materialismo clássico, não pode ser descrito usando modelos causais porque as conexões ocorrem dentro de um sistema complexo como o cérebro humano.[16] Nossa posição também difere de Davidson, que fala de um monismo anômalo e afirma que os fenômenos mentais ocorrem "sem lei do mental" (*lawlessness of the mental*). Os processos mentais ocorrem no sistema nervoso central (SNC, medula espinhal e cérebro), mas os sistemas do corpo como um todo influenciam esse comportamento do SNC, por exemplo, via fluxo sanguíneo (sistema cardiovascular) ou liberação de hormônios (sistemas hormonais centrais e periféricos).

a) Consciência e fenômenos mentais como processos

A consciência e os fenômenos mentais associados, como sensações, memórias, processos de pensamento, emoções ou emanações externamente observáveis desses fenômenos, como expressões faciais, linguagem ou habilidades motoras, estão acontecendo o tempo todo, muitos deles mesmo quando estamos dormindo ou inconscientes. As emanações são ondas eletromagnéticas ou outras formas de propagação de energia, como ondas sonoras, que podem ser observadas diretamente, mas cujo processo causal não é observável.[17] Não conhecemos as conexões moleculares desses processos neuronais, eles simplesmente acontecem e nós os vivenciamos de modo subjetivo. O que podemos saber objetivamente

---

16 LANDGREBE, Jobst; SMITH, Barry. *Why Machines Will Never Rule the World*. Londres: Routledge, 2022.

17 O termo vem da teoria do processo estocástico (cf. KLENKE, Achim. *Probability Theory: A Comprehensive Course*. Nova Iorque: Springer, 2013), aqui o combinamos com uma perspectiva física fundamental.

sobre eles, como dimensionar em neurociências e neurologia a partir desses fenômenos, é extremamente superficial e tem apenas uma correlação muito tênue com os fenômenos mentais subjacentes, pois somente com a ajuda de métodos de neurodiagnóstico podem ser identificadas mudanças grosseiras no sistema nervoso central, por exemplo, focos epilépticos no eletroencefalograma, ou degeneração, neoplasias, sangramento e padrões de fluxo sanguíneo através de ressonância magnética. Como não conhecemos a relação das emanações da mente com os processos neurais subjacentes a elas, não compreendemos e não podemos modelar a relação da mente com seu corpo.

b) O ser humano como um sistema complexo

Isso ocorre porque a mente humana é um sistema complexo. Por sistema entendemos a totalidade de todos os elementos interativos de um processo. Distinguir um sistema da realidade significa escolher conscientemente certa gama de particularidades, desde partículas elementares até galáxias. Os sistemas complexos se caracterizam pelas seguintes propriedades:[18]

(1) Propriedades evolutivas: o sistema altera as propriedades e interações de seus elementos e pode criar novos elementos a qualquer momento. Sistemas simples, como o sistema solar, não possuem essas propriedades: existem apenas os planetas que já estão lá, e eles só interagem de um modo, via gravidade.

(2) Sobreposição das quatro interações fundamentais para gerar forças combinadas: em sistemas simples, uma das quatro interações domina: gravitação, eletromagnetismo, interação fraca ou forte, por exemplo a gravitação no sistema solar. A propagação da força de sistemas complexos é muitas vezes anisotrópica (dependente do espaço e não uniforme no espaço). A madeira, produto de um sistema complexo, é anisotrópica

18 Cf. THURNER, Stefan; HANEL, Rudolf; KLIMEK, Peter. *Introduction to the Theory of Complex Systems.* Oxford: Oxford University Press, 2018.

devido à sua estrutura, por exemplo, em termos de clivagem, elasticidade e mudanças de comprimento sob calor ou secura. Ao contrário, a gravidade no sistema solar é isotrópica.

(3) Espaço de fase não ergódico: o espaço de fase descreve o conjunto de todos os estados possíveis de um sistema. Em sistemas ergódicos, quando observados por um período suficientemente longo, a probabilidade de um elemento do sistema estar em um estado é proporcional à sua participação no espaço de fase. Por exemplo, as moléculas de um gás em um recipiente são distribuídas uniformemente sobre o volume a uma temperatura constante. Os espaços de fase não ergódicos são frequentemente característicos de processos irreversíveis no tempo, o que significa que o processo não pode ser descrito em termos de equações, que são invariáveis ou simétricas a uma mudança de sinal de tempo.

(4) Impulso: sistemas complexos são percorridos por uma energia interna (autogerada) ou externa, há um gradiente de energia com dissipação de energia. Somente os seres vivos podem gerar energia por conta própria e, por isso, são sistemas complexos animados. Os sistemas inanimados recebem energia de fora, por exemplo, o ciclo da água terrestre, um sistema complexo, recebe sua energia do sol. Tais sistemas nunca estão em equilíbrio; ao contrário dos sistemas simples, eles estão em constante estado de mudança.

(5) Dependência de contexto: sistemas complexos são dependentes do ambiente com o qual eles interagem e não podem ser modelados assumindo condições fixas de contorno como é possível com sistemas simples.

Como um sistema vivo e complexo, o ser humano preenche todas as propriedades mencionadas acima. Sua continuidade interativa entre corpo-alma também é, obviamente, um sistema complexo. Vejamos em alguns detalhes como isto se dá no sistema nervoso central (SNC):

(1) Características evolutivas: o cérebro constantemente cria novos elementos. Cada momento que podemos lembrar cria elementos e

correspondentes conexões em nossa memória, que consistem em moléculas e sua configuração bioquímica. Essas moléculas armazenam o conteúdo da memória.[19] A variação desses elementos e seus compostos é tão grande quanto a soma total das diferenças entre todos os indivíduos da espécie *Homo sapiens* que já viveram, ao longo de suas vidas.

(2) Sobreposição das quatro interações fundamentais: existem uns bons quatro bilhões de neurônios no cérebro, com um total de cerca de 1015 moléculas, que interagem umas com as outras química e eletromagneticamente, para fornecer os processos que percebemos como consciência e seus conteúdos. É impossível modelar essas interações com equações físicas, cada uma das quais descreve uma interação fundamental.[20]

(3) Espaço de fase não ergódica: o espaço de fase que percebemos como consciência tem bilhões de dimensões no nível molecular.[21] Não sabemos nada sobre esse espaço, do ponto de vista matemático. Não podemos fazer nenhuma afirmação com base nos princípios da termodinâmica. O espaço é altamente ordenado e não ergódico, nenhum de seus elementos tem probabilidade de estar lá em relação à sua participação no espaço de FASE.[22]

(4) Impulsão: o SNC é um órgão acionado pela energia que nele flui, e é por ele consumida, produzida construtivamente (criando novos elementos) e distribuída de forma dissipativa.

(5) Dependência do contexto: o SNC e todos os seus elementos são altamente dependentes do contexto de circunstâncias com o qual interagem, e não podem ser modelados a não ser tomados no conjunto de suas condições. Nenhum elemento pode ser adequadamente descrito

---

19 Cf. KANDEL, Eric R. *et al. Principles of Neural Science.* Nova Iorque: McGraw Hill, 2013, cap. 65.

20 Cf. THURNER, Stefan; HANEL, Rudolf; KLIMEK, Peter. *Op. Cit.*

21 Cf. KANDEL, Eric R. *et al. Op. Cit.*, cap. 2.

22 Cf. PRIGOGINE, Ilya. *Introduction to Thermodynamics of Irreversible Processes.* Springfield: Charles C. Thomas, 1955; e THURNER, Stefan *et. al. Op. Cit.*

ou modelado quando visto isoladamente, o que seria possível fazer com sistemas simples.

1.2. Modelos matemáticos

Somente onde temos um modelo matemático podemos produzir uma explicação causal exata e uma modelagem preditiva (suficientemente) exata de um processo. Sistemas simples podem ser bem modelados matematicamente, muitas vezes com equações diferenciais ou outros métodos de análise e de outros ramos da matemática. Sistemas que podem ser modelados dessa forma existem na natureza, e todas as máquinas técnicas que a humanidade desenvolveu com base na física, desde usinas nucleares até pontes levadiças, também são sistemas desse tipo. Por outro lado, os métodos não podem ser modelados porque não atendem aos requisitos para isso. A matemática conta com uma variedade de entidades[23] que podem ser usadas para descrever estruturas e processos no mundo real. Por outro lado, para sistemas complexos com as propriedades acima, não temos nada do tipo. Isso porque as estruturas que podem ser utilizadas em modelos matemáticos possuem propriedades incompatíveis com as propriedades de sistemas complexos. Por exemplo, o caráter evolutivo não pode ser modelado com as possibilidades de análise, pois funcionais e operadores são definidos como relações bem definidas apenas entre conjuntos estáveis de imagens originais e imagens. Os modelos estocásticos (em que as variáveis respondem a uma específica distribuição) são igualmente incapazes de fazer isso.[24]

A modelagem matemática de tais sistemas não é possível nem com modelos explícitos nem implícitos. Um modelo explícito é escrito por um

23 Uma entidade matemática é uma unidade mental abstrata para descrever elementos *a priori* e relacionamentos da matemática e as entidades implicadas. Incluem números, conjuntos, funções, teoremas, lemas, equações, matrizes, variedades, grupos, cadeias de Markov (cf. FIELD, Hartry H. *Realism, Mathematics, and Modality.* Oxford: Blackwell Pub, 1989).

24 Cf. LANDGREBE, Jobst; SMITH, Barry. *Op. Cit.*

matemático ou físico, e é validado (ou não confirmado e abandonado) por meio de experimentos que verificam a relação entre o estado inicial e o resultado do processo descrito no modelo. Por exemplo, as leis de Newton (que são, nesse sentido, equações de caráter matemático) podem ser validadas medindo os movimentos dos planetas no sistema solar. Não podemos criar modelos de explicação causal ou (quase) exatos para sistemas complexos, especialmente sistemas animados complexos (seres vivos).[25]

Um modelo implícito é criado por meio do aprendizado estatístico de dados usando um algoritmo de otimização que é configurado matematicamente.[26] Nesse processo, também conhecido como 'treinamento' desse modelo, se descreverá uma conexão entre os dados do estado inicial (escolhido arbitrariamente) do sistema e aqueles que descrevem o resultado do processo. Dados de treinamento e teste são usados para isso. Cria-se, então, modelos estocásticos (por exemplo, uma rede neural profunda) que podem estabelecer uma conexão entre variáveis preditivas independentes (estado inicial) e variáveis de saída dependentes (resultado do processo). Uma vez criado, o modelo é validado com dados não utilizados anteriormente. Uma vez validado o modelo, ele pode ser utilizado na prática, por exemplo, em diagnósticos médicos ou como filtro de *spam* para um provedor de serviços de e-mail. Se a relação descrita nos dados for estável, de modo que a distribuição dos dados quando o modelo é criado também corresponder à distribuição dos dados quando o modelo for usado, tais modelos podem atingir uma precisão considerável.

No entanto, sistemas complexos em geral não geram dependências suficientemente estáveis para esse tipo de modelagem implícita; e se assim for, então apenas para aspectos parciais do comportamento de tais

---

25 Cf. THURNER, Stefan; HANEL, Rudolf; KLIMEK, Peter. *Op. Cit.*

26 Cf. BERTSEKAS, Dimitri P. *Nonlinear Programming.* Belmont: Athena Scientific, 2016; GOODFELLOW, Ian J.; BENGIO, Yoshua. *Deep Learning.* Cambridge: MIT Press, 2016; HASTIE, Trevor; TIBSHIRANI, Robert; FRIEDMAN, Jerome. *The Elements of Statistical Learning. Data Mining, Inference, and Prediction.* Berlim: Springer, 2008.

sistemas. A distribuição ao treinar os modelos não corresponde à distribuição quando eles são usados. Na linguagem da teoria da probabilidade, não há desenho adequado de uma distribuição para treinar um modelo porque os processos de sistemas complexos não geram tais distribuições.

2. Máquinas de Turing

Todos os computadores são máquinas de Turing. Como tais, só podem calcular algoritmos mapeáveis como uma cadeia de certas funções de recurso.[27] Somente modelos matemáticos, que podem ser formulados usando tal algoritmo, podem ser executados em uma máquina de Turing (tese de Church-Turing). Existem inúmeros problemas matemáticos que não podem ser representados dessa forma.[28] Isso limita o uso de computadores. Não pode haver computadores que não sejam máquinas de Turing,[29] e assim são principalmente os computadores quânticos, também máquinas de Turing.[30] No entanto, a limitação maior para o uso de computadores em modelar sistemas complexos não está na tese de Church-Turing, mas no limite de possibilidades da modelagem matemática para sistemas complexos; em geral, o conjunto de modelos Turing-computáveis é um subconjunto de modelos matemáticos.

3. Acoplamento fixo

Uma vez que corpo e mente formam um continuum e os processos mentais são processos materiais e físicos, a mente está firmemente

27 Cf. CHURCH, Alonzo. "A Note on the Entscheidungsproblem". *Journal of Symbolic Logic*, 1: 40-41, 1936; TURING, Alan M. "On Computable Numbers, with an Application to the Entscheidungsproblem". *Proceedings of the London Mathematical Society*, 42: 230-265, 1937.

28 Veja uma lista em: https://en.wikipedia.org/wiki/List_of_undecidable_problems

29 Cf. DAVIS, Martin. "The Myth of Hypercomputation". *In*: TEUSCHER, Christof (ed.). *Life and Legacy of a Great Thinker.* Heidelberg: Springer, 2004, p. 195-211.

30 Cf. NIELSEN, Michael; CHUANG, Isaac. *Quantum Computation and Quantum Information*. Nova Iorque: Cambridge University Press, 2010, p. 126.

conectada ao corpo: ela é corpórea. Se quiséssemos basear uma mente humana em um computador, o melhor que poderíamos fazer seria criar uma emulação dessa mente; teríamos que usar o computador para emular o funcionamento do corpo (aqui 'emulação' significa imitar o comportamento de um sistema usando outro sistema para entender).[31] Teríamos primeiro que emular as funções de todas as células que contribuem para a consciência e os fenômenos baseados nela. No entanto, não sabemos exatamente como isso acontece e, devido à complexidade do sistema, nunca saberemos: não podemos modelar de maneira causal sistemas como o conjunto interativo mente-corpo. Mas isso seria necessário para realizar o espírito em um computador. Portanto, não podemos implementar um conjunto interativo mente-corpo em uma máquina de Turing. Em segundo lugar, teríamos que compreender totalmente a configuração molecular dos neurônios que compõem nossa pessoa e mapeá-la em um substrato de máquina fictícia. Mas não conhecemos essa configuração. Também não podemos determiná-los porque não podemos medi-los e, mesmo que pudéssemos medi-los, não poderíamos modelá-los. Assim, nosso espírito permanece inserido no corpo. Não podemos substituí-lo por um computador.

4. Transumanismo como ideologia elitista

Já vimos que o transumanismo é uma das muitas respostas ao problema da mortalidade. Mas, como resposta, é claramente mais inadequada que a teoria de Immanuel Kant (ou Schopenhauer) sobre a imortalidade da alma.[32] Vimos na última seção que ela é esotérica por representar teorias

31 A emulação se comporta em sua reação à entrada de variáveis independentes de forma a mapear a reação do sistema emulado às entradas analógicas. Uma emulação deve, portanto, ser distinguida de uma simulação em que a simulação é criada pela modelagem de um processo imitativo.

32 Cf. KANT, Immanuel. *Kritik der praktischen Vernunft*. Hamburgo: Hofenberg, 1985, p. 140.

que são contrárias à nossa visão científica do mundo. Agora, vamos olhar para esse esoterismo de um ponto de vista cultural. Como forma de irracionalismo, é tão elitista quanto as religiões arcaicas que praticavam sacrifícios humanos, como nas culturas neolíticas, que queriam dar sepultura a um líder enterrando seguidores vivos para acompanhar sua alma em sua jornada.

Então, embora o transumanismo seja simplesmente absurdo e tecnicamente inviável do ponto de vista científico, os fornecedores de produtos de imortalidade digital irão de certo encontrar seus clientes, independentemente da funcionalidade de sua oferta, especialmente porque o sucesso de tais medidas não pode ser verificado – nem mesmo após a morte. Pessoas muito ricas tentarão garantir a imortalidade digital, mesmo que desperdicem muito dinheiro nesse processo. Assim vê, por exemplo, Klaus Schwab, um dos principais pioneiros do globalismo,[33] ao propagar o transumanismo como uma grande redefinição (*big reset*) do que somos: "A quarta revolução industrial levará a uma fusão de nossas identidades físicas, digitais e biológicas".[34] Schwab supõe que em breve teremos implantes que podem ler nossas mentes e substituirão os telefones celulares de hoje. O transumanismo foi inventado na Califórnia por representantes do globalismo e é recebido com entusiasmo neste grupo, como mostra o exemplo de Schwab.

Quais são as fontes culturais desse pensamento? Por que essa ideologia evoluiu e como é tão persistente em certos círculos? Já em 1982, o antropólogo Robin Horton constatou que, nas áreas da ciência moderna em que uma verificação experimental de hipóteses não é possível, o corpus de

33 O globalismo é uma ideologia política que propaga uma redução da soberania nacional em favor de estruturas de poder transnacionais para otimizar a produção econômica real e sua exploração financeira.

34 "What the fourth industrial revolution will lead to is a fusion of our physical, digital and biological identity." Fonte: "Discurso de Schwab no Chicago Council on Global Affairs", 8 nov. 2020; veja também: SCHWAB, Klaus; MALLERET, Thierry. *COVID-19: The Great Reset*. Davos: Forum Publishing, 2020.

produção de pesquisa não é mais submetido a um "exame crítico quanto à consistência ou adequação empírica".[35] Abriu com isso uma "caixa de Pandora nas sociedades científicas. [...] Isso contém uma série de patologias intelectuais nada comparáveis com o que se encontra na formação teórica de sociedades tradicionais".[36]

Na história intelectual moderna existe uma forte linha de pesquisa que conduz ao subjetivismo total, com a absolutização do espírito individual e de sua individualidade. Tem origem epistemológica nas *Meditações* de Descartes, que postula um dualismo mente e corpo. Para ele, o espírito individual é a autoconfiança, o ego pensante e que julga livremente.[37] Outra fonte importante pode ser encontrada na antropologia da Renascença italiana (por exemplo, em Petrarca e Pico Della Mirandola), no ideal do autocultivo do indivíduo. No século XVIII, Herder escreveu um programa para uma autêntica vida romântica[38] que se opunha ao conceito racional, esclarecido e normativo de autonomia.[39] Em meados do século XIX, Stirner formulou um programa para a individualização radical e anárquica.[40] No decorrer do século XIX, surgiu um programa romântico de individualização da burguesia, que logo tomou ares de uma corrente ampla. Dessa tendência subjetivista, logo se tornou claro o conceito de Heidegger como algo desprovido de qualquer fonte consistente de conhecimento filosófico: A atual "autorreflexão [tem] todo

---

35 HORTON, Robin. "Tradition and Modernity Revisited". *In*: HOLLIS, Martin; LUKES, Steven (ed.). *Rationality and Relativism*. Cambridge: MIT Press, 1982, p. 201-260, p. 249 (tradução dos autores).

36 *Ibidem*, nota 70.

37 Cf. DESCARTES, René. *Meditações*. Campinas: UNICAMP, 2004, Meditação 2.

38 Cf. HERDER, Johann Gottfried von. *Erkennen und Empfinden der menschlichen Seele*. (Werke, vol. IV). Frankfurt: Deutscher Klassiker, 1994.

39 Cf. MENKE, Christoph. "Die Idee der Selbstverwirklichung". *In*: JOAS, Hans; WIEGANDT, Klaus (eds.). *Die kulturellen Werte Europas*. Frankfurt: Fischer, 2004, p. 304-352.

40 Cf. STIRNER, Max. *Der Einzige und sein Eigentum* (1845). Berlim: Rothgiesser & Possekiel, 1924. [O único e sua propriedade]

um subjetivismo subjacente, bem aquele mais perigosamente escondido no culto da personalidade".[41] O subjetivismo culmina no 'imperialismo planetário',[42] atingiria seu clímax no "subjetivismo afundado no esquecimento do ser".[43] Embora nada possa ser feito com seu conceito de esquecimento do ser, Heidegger tem aqui um insight importante. Gehlen confirma essa constatação,[44] e uma visão semelhante pode ser encontrada em Foucault (ele fala da 'autocultuação californiana'),[45] em Taylor, se descreve o ideal banalizado de autorrealização como 'pseudo-autenticidade',[46] como em Schulze se fala do 'ambiente de autorrealização'.[47]

Em Judith Butler, cujo livro *Gender Trouble*[48] pode ser visto como um pico do antirracionalismo nessa linha niilista-individualista da tradição, há uma rejeição radical da unidade entre alma e corpo. Para Butler, a identidade humana é independente do corpo e uma construção puramente social, a própria percepção do corpo se torna um produto da mente, que é moldado culturalmente.[49] Essas são as fontes ideológicas do transumanismo radical, autocentrado, subjetivista, como vemos em Rothblatt e Schwab. Já em 1938, Heidegger reconheceu a preferência das finanças globais (chamada por ele de 'imperialismo planetário') pelo subjetivismo radical.

---

41 Cf. HEIDEGGER, Martin. *Beiträge zur Philosophie (Gesamtausgabe III/65)*. Frankfurt: Vittorio Klostermann, 1989, p. 52.

42 *Idem, Holzwege (Gesamtausgabe I/5)*. Frankfurt: Vittorio Klostermann, 1979, p. 111.

43 *Idem, Wegmarken. Brief über den Humanismus (Gesamtausgabe I/9)*. Frankfurt: Vittorio Klostermann, 2005, p. 346.

44 Cf. GEHLEN, Arnold. *Moral und Hypermoral*. Frankfurt: Vittorio Klosterman, 2004, cap. 10.

45 Cf. FOUCAULT, Michel. "Genealogie der Ethik". *In*: DREYFUS, Hubert L.; RABINOW, Paul (eds.). *Jenseits von Strukturalismus und Hermeneutik*. Frankfurt: Veltz, 1987.

46 Cf. TAYLOR, Charles. *The Ethics of Authenticity*. Cambridge: Harvard University Press, 1992.

47 Cf. SCHULZE, Gerhard. *Die Erlebnisgesellschaft*. Frankfurt: Campus, 1992.

48 BUTLER, Judith. *Gender Trouble. Feminism and the Subversion of Identity*. Londres: Routledge, 1990.

49 *Idem, Bodies That Matter: On the Discursive Limits of Sex*. Nova Iorque: Taylor & Francis, 1993, p. 32.

Por que os globalistas gostam tanto do fantasma do transumanismo? Porque eles estão convencidos da total possibilidade de planificar e controlar o lado racional da vida do indivíduo e da sociedade e dão um sim incondicional à autocultuação californiana. O coroamento dessa planificação em relação à autorrealização é a própria imortalidade digital. Mas para nós, humanos, a imortalidade 2.0 com computadores é tão eficaz quanto a imortalidade dos faraós com o embalsamamento do cadáver e seus enterros em enormes pirâmides.

Digitalizar a Mente? Uma crítica filosófica

Marcus Knaup

Para começar: uma experiência mental

Gostaria de começar com uma pequena experiência mental. Imagine o seguinte cenário: você está deitado em uma mesa de operação em um hospital, quando um robô humanoide entra na sala. Primeiro ele raspa parte do seu cabelo, depois pega um lápis para marcar uma interseção na parte de trás da sua cabeça. Ele cuidadosamente aplica um bisturi, corta o couro cabeludo e o prende. Em seguida, ele abre uma calota no crânio. Parte do seu cérebro agora está exposta. Será necessária uma intervenção um pouco complicada. O cirurgião artificial coloca, habilmente, sua mão delicada em seu cérebro: as seções do micrótomo do cérebro são digitalizadas com microscopia eletrônica de alta resolução e os dados obtidos são transferidos para um computador de alto desempenho. Com os dados se cria um código.

Uma enfermeira, que agora está ao lado do robô cirurgião, toma o substrato que acabou de ser escaneado; corta-o de sua cabeça e coloca em uma redoma. Esse material será descartado, pois foi destruído durante o processo de digitalização. Você não irá precisar mais desse material orgânico; e sua vida em uma operadora de dados começou. A digitalização e carregamento da mente, que se discute abaixo, pode ser mais ou menos assim.[1]

---

1 Veja por exemplo MORAVEC, Hans. *Mind Children. The Future of Robot and Human Intelligence.* Cambridge: Harvard University Press, 1988. Segundo Moravec, não se cogitaria

Neste capítulo se discute em quatro pontos o que se entende por digitalização e transferência (*upload*) da mente: primeiro (ponto 1), apresenta as linhas de desenvolvimento que levam ao *upload* da mente e pergunta se esse carregamento da mente é o futuro dos seres humanos. Ou já é realidade? Será que todos podemos ser apenas dados em um computador? Em uma segunda etapa (ponto 2), voltamos às premissas da experiência mental esboçadas acima e discutimos quais crenças antropológicas básicas – explícitas ou implícitas – ressoam entre os defensores do carregamento da mente e o que, em última análise, define o ser humano. Em uma terceira etapa (ponto 3), discorremos sobre as esperanças associadas ao carregamento da mente. Por fim (ponto 4), nossa contribuição discute consequências éticas: diante dessas perspectivas, o que é possível fazer?

1. Digitalizar a mente - futuro ou já o presente do ser humano?

> Então é essa luta contra o destino que, apesar de tudo, conecta utopias médicas e sociais. A capacidade de substituir partes perdidas é menor no corpo humano do que nos animais inferiores, mas a capacidade utópica de possuir algo que nunca foi possuído torna-se efetiva apenas nos humanos. É improvável que esse poder, tão essencial ao ser humano, de transcender e formar o novo, permaneça aquietado em seu corpo.[2]

É o que Ernst Bloch escreveu em sua obra *O Princípio Esperança*, no final dos anos 1950. Já não se trata mais apenas de substituir partes e funções perdidas no corpo humano, mas de substituí-las ao mesmo tempo. Muitos contemporâneos são da opinião de que nosso corpo poderia, em algum momento, ser trocado por uma máquina ou um aparelho digital. Num futuro previsível, será possível transferir nossa consciência para um

---

apenas uma operação desse tipo. Também seria concebível carregar constantemente um computador que registrasse toda a atividade cerebral. Você também pode tocar no corpo caloso. Anatomicamente, isso desempenha um papel especial porque conecta os dois hemisférios cerebrais. Ver *Ibidem*, p. 112.

2 BLOCH, Ernst. *Das Prinzip Hoffnung* (vol. II). Frankfurt: Suhrkamp, 2001, p. 541.

meio de armazenamento externo que funcione de maneira semelhante a um cérebro. Nessa perspectiva, o corpo é visto como intercambiável e não individualizado; a individualidade estaria ligada apenas à nossa consciência.

Em 1929, John D. Bernal publicou um ensaio que merece atenção por conter ideias iniciais sobre a digitalização e carregamento da mente.[3] É claro que, há mais de 90 anos, computadores e microchips de alto desempenho eram impensáveis. As ideias de Bernal são baseadas em uma visão fortemente encefalocêntrica de que seria o cérebro que define nossa humanidade. Ele considera todos os outros órgãos menos importantes e, fundamentalmente, também substituíveis. Bernal conclui dessa tese inicial que basta fornecer ao cérebro sangue suficiente para mantê-lo. "[O] cérebro assim conectado continua uma existência, puramente mental e com prazeres muito diferentes dos do corpo, mas mesmo agora talvez preferível à completa extinção."[4] É incrível o papel atribuído ao cérebro nesse contexto: deve ser o portador da consciência e dos traços de personalidade de uma pessoa. Para o cérebro, Bernal prevê inicialmente um cilindro no qual possa ser armazenado: "Dentro do cilindro, e apoiado com muito cuidado para evitar choques, está o cérebro com suas conexões nervosas, imerso em um líquido da natureza do líquido cefalorraquidiano, continuamente circulando sobre ele a uma temperatura uniforme".[5] Segundo Bernal, os nervos poderiam ser conectados a uma máquina. Os cérebros individuais podem então, à medida que Bernal desenvolve suas ideias, também ser interligados, o que inicialmente leva a uma forma de

---

3 Cf. BERNAL, John D. *The World, the Flesh & the Devil. An Enquiry into the Future of the Three Enemies of the Rational Soul* (1929). Londres: Verso, 2018.

4 *Ibidem*, p. 15. "[T]he brain thus connected up continues an existence, purely mental and with very different delights from those of the body, but even now perhaps preferable to complete extinction."

5 *Ibidem*, p. 17. "Inside the cylinder, and supported very carefully to prevent shock, is the brain with its nerve connections, immersed in a liquid of the nature of cerebro-spinal fluid, kept circulating over it at a uniform temperature."

troca de ideias e depois cria uma entidade supraindividual. Sendo que cérebros individuais poderiam facilmente ser substituídos por outros em caso de morte, a entidade assim criada – toda a rede digital – teria superado os limites da finitude e seria imortal. O conjunto da rede seria algo novo em comparação com a vida puramente biológica, poderia atuar como portadora da consciência e desenvolvê-la ainda mais. Isso abriria opções completamente novas, até mesmo uma humanidade etérea que teria deixado para trás os limites anteriores. "Queremos que o futuro seja misterioso e cheio de poder sobrenatural",[6] como conclui o ensaio.

Essas considerações parecem ter eco no cenário de pesquisa atual: o *Human Brain Project* começou em 2013 com o objetivo de simular completamente o cérebro humano dentro de uma década.[7] O Projeto *Blue Brain* está atualmente trabalhando na Suíça para a simulação de uma área de um cérebro de rato.[8] Atualmente, vários projetos de extensão de vida estão sendo apoiados, por exemplo, pelo investidor do *Facebook*, Peter Thiel. O grupo do *Google* subsidia projetos dedicados ao envelhecimento.[9] Termos como 'digitalização' e 'espaço virtual' são palavras da moda e de uso frequente.

Hoje, são especialmente os representantes do movimento pós-humanista que desejam ver o futuro da raça humana na digitalização e carregamento da mente. No que diz respeito aos cérebros que seriam fornecidos artificialmente em redomas, Hans Moravec leva a pensar que os cérebros biológicos, feitos para ter a duração de uma vida humana, dificilmente poderiam funcionar indefinidamente de modo eficaz.[10] Ele

---

6 *Ibidem*, p. 36. "We want the future to be mysterious and full of supernatural power."

7 No entanto, os limites já deveriam ficar claros ao simular um verme como o *C. elegans*. Sem falar do cérebro de um *homo sapiens* que é muito mais complexo.

8 Cf. https://bluebrain.epfl.ch/

9 Cf. O'CONNELL, Mark. *Unsterblich sein. Reise in die Zukunft des Menschen*. Munique: Hanser, 2017, p. 18.

10 MORAVEC, Hans. "Körper, Roboter, Geist". *In*: IGLHAUT, Stefan; MEDOSCH, Armin; RÖTZER, Florian (eds.). *Stadt am Netz. Ansichten von Telepolis.* Mannheim: Bollmann, 1996, p. 114.

parece confiante: "Realidades às quais se está preso logo irão transcender as limitações físicas e sensoriais de nosso 'corpo doméstico'".[11] Moravec propõe uma substituição passo a passo do cérebro biológico por equivalentes eletrônicos, "que tornam nossa personalidade e nossos pensamentos mais claros do que nunca, embora depois de certo tempo não sobre nenhum vestígio de nosso corpo ou cérebro original".[12] Segundo ele, aquilo que define o ser humano, sua vida consciente, pode ser transplantado para um aparelho digital. "Como programas e dados que podem ser trocados entre computadores sem interromper os processos que eles representam, nossas essências são transformadas em padrões que podem perambular pelas redes de informação à vontade."[13] A consciência assim transplantada deveria ser uma imagem corporal sensorial e motorizada obtida, seja de um corpo ou também de uma simulação, para ser funcional ao longo do tempo.[14] Existir em uma realidade virtual seria um passo adiante e preferível ao atual modo de existência. O próprio ser humano se tornaria obsoleto em sua forma atual. Seu futuro seria técnico; uma existência virtual o esperaria. Moravec vê o ser humano de hoje como uma máquina. La Mettrie e Descartes viam também de maneira semelhante.[15] Como se sabe, Descartes havia distinguido nitidamente entre *res cogitans* e *res extensa*. A mente se opunha a uma máquina corporal; a matéria é privada de todas as qualidades. La Mettrie, por exemplo, seguiu seus passos no desenvolvimento de conceitos mecanicistas e físicos do que significa ser humano. Segundo Moravec, "os organismos vivos são

---

11 *Ibidem*, p. 113.

12 *Ibidem*, p. 114.

13 *Idem*.

14 *Ibidem*, 115. Ver também: MORE, Max. "Vom biologischen zum posthumanen Wesen". *Telepolis*, 17 jul. 1996. Disponível em: https://www.heise.de/tp/features/Vom-biologischen-Menschen-zum-posthumanen-We¬sen-3563295.html

15 MORAVEC, Hans. *Robot. Mere Machine to Transcendent Mind*. Nova Iorque: Oxford University Press, 1999, p. 121.

claramente máquinas quando vistos em escala molecular".[16] Mesmo a natureza como um todo nada mais é do que uma máquina.[17]

Ray Kurzweil pensa em uma direção semelhante. Como Bernal, ele promete a superação dos limites da morte. O envelhecimento físico e a morte poderiam ser abolidos: "Poderemos viver o quanto quisermos".[18] O que em Bernal ainda soa coletivo, em Kurzweil recebe outra ênfase ao dizer que a continuidade de existência estaria prometida à própria personalidade. Sobre a digitalização e carregamento da mente, ele escreve:

> Digitalizar um cérebro humano significa digitalizar todos os seus detalhes mais importantes e, em seguida, restabelecer esses detalhes em um substrato computacional adequadamente poderoso. Esse processo capturaria toda a personalidade, memória, habilidades e história de uma pessoa.[19]

Kurzweil se vê como um inventor. Depois de sofrer de diabetes tipo 2, ele teve que enfrentar muitos problemas de saúde. Ele acha que, em geral, os problemas de saúde podem ser superados com uma boa combinação de ideias, modo como conseguiu controlar o diabetes. Todos os dias ele toma sozinho 250 comprimidos de suplementos dietéticos para tornar seu corpo mais resistente a possíveis doenças.[20]

Kurzweil está convencido de que a biologia pode ser substituída pela tecnologia. Num futuro próximo, a inteligência artificial ultrapassaria em muito a inteligência humana em todas as áreas concebíveis. O homem se

---

16 *Idem, Mind Children*. Cambridge: Harvard University Press, 1990, p. 72. "Living organisms are clearly machines when viewed at the molecular scale" (wie Anm. 1).

17 KURZWEIL, Ray. *The Singularity Is Near. When Humans Transcend Biology*. Nova Iorque: Viking, 2005, p. 9.

18 *Idem*.

19 *Ibidem*, p. 198. "Uploading a human brain means scanning all of its salient details and then reinstantiating those details into a suitably powerful computational substrate. This process would capture a person's entire personality, memory, skills, and history."

20 Cf. *Idem*, "Werden wir ewig leben, Mr. Kurzweil?". *In*: HÜLSWITT, Tobias; BRINZANIK, Roman (eds.). *Werden wir ewig leben? Gespräche über die Zukunft von Mensch und Technologie*. Berlim: Suhrkamp, 2010, p. 20.

fundirá com a tecnologia e não precisará mais morrer.[21] Ideias mecanicistas também podem ser identificadas em Kurzweil: ele entende o cérebro como uma máquina: "O cérebro humano presumivelmente segue as leis da física, e assim deve ser uma máquina, embora muito complexa".[22] Kurzweil acha que pode descrever as pessoas com termos da ciência da computação. Assim, o corpo é o aparelho (*hardware*), enquanto a mente é o programa (*software*). A morte é o colapso do aparelho. Até agora, o colapso do aparelho significaria também o fim do programa. A saída é essa: em vez de sermos 'biológicos', deveríamos nos tornar 'mais parecidos com computadores'.[23]

Outros consideram que o carregamento da mente não seria apenas uma opção aberta para nós no futuro, mas uma realidade hoje. Trata-se aqui da chamada 'hipótese de simulação'. Está propalada ao grande público pelo fundador da Tesla e da SpaceX, Elon Musk. Seu ponto de partida são considerações sobre o crescimento do desempenho dos computadores modernos, cada vez melhores e mais poderosos no processamento de dados, um verdadeiro potencial de realidade virtual. Referindo-se às dimensões de experiência, diz que no futuro não iremos mais distinguir nossa realidade de uma realidade artificial. E estaria claro que já estamos vivendo tal simulação hoje. Musk prevê que no futuro pode haver possibilidade de simulações digitais realistas também do passado, e, portanto, também de hoje. Nesse mundo de simulação digital do futuro, haveria inúmeras pessoas que iriam assumir estar vivendo em 2022, assim como vivemos hoje. O número de pessoas simuladas seria simplesmente

21 *Ibidem*, p. 29.

22 *Idem, The Age of Spiritual Machines. When Computers Exceed Human Intelligence.* Nova Iorque: Penguin Putnam, 1999, p. 5.

23 KURZWEIL, Ray. *Werden wir ewig leben. Op. Cit.*, p. 30. O transumanista alemão Stefan Sorgner é mais reservado sobre a questão da digitalização e carregamento da mente. A dissociação da consciência do corpo não lhe parece plausível. Ele não quer descartar isso, mas é duvidoso que seja "um próximo passo óbvio no desenvolvimento humano" (SORGNER, Stefan L. *Schöner neuer Mensch*. Berlim: Nicolai, 2018, p. 38).

enorme, e é por isso que Musk se pergunta por que bem ele não seria uma daquelas pessoas digitalmente simuladas, mas sim muito real.

Eu sou um dos muitos que vivem em uma simulação digital ou estou realmente vivendo? Por que eu deveria viver em um mundo real cercado de inúmeras simulações? Para Musk, parece claro que já nos encontramos hoje em uma simulação, um mundo de sonhos gerado por computador: presos na Matrix![24]

Voltemos à experiência mental mencionada no início para ir agora um pouco mais longe.[25] Será que tal operação já ocorreu e já estamos em um computador como um conjunto de dados salvo? Suponhamos que a operação tenha dado certo, e você tem a impressão de que tudo está como sempre: as pessoas ao seu redor, a estante de livros que você conhece, o céu estrelado acima de você. O que você experimenta a partir de agora remonta a um programa extremamente bom. O operador descrito no início, que possui os dados, também poderia fazer uma alteração de programa, até mesmo deletar a memória da operação, assim como apagamos documentos em nosso computador. O resultado provavelmente seria que você pensaria que tudo está como sempre. Então suponhamos que existisse de fato apenas o aparelho com nossos dados. E talvez também com os dados de muitos outros. Pela existência dos outros você provavelmente ficará convencido de sua existência. Então lhe pergunto: poderíamos pensar que estaríamos em um aparelho digital? Iríamos poder dizer isso de algum modo?

Dissemos no início que o carregamento da mente teria sido bem-sucedido e teríamos as experiências que tivemos antes. Isso significaria que você poderia dizer e pensar o que então tinha dito e pensado. No entanto,

---

24 Musk aparentemente assume com bastante naturalidade que no futuro não será mais possível distinguir entre a realidade e as simulações de computador e que o desempenho dos computadores continuará a aumentar exponencialmente sem diminuir a velocidade. O fato de simulações de computador também terem fundamentos físicos não é algo periférico.

25 Faço a seguir algumas considerações ao pensamento de: PUTNAM, Hilary. *Vernunft, Wahrheit und Geschichte.* Frankfurt: Suhrkamp, 1990, p. 15-35.

nesse aparelho digital, você não se relaciona com esse mundo em que está. Você não pode se relacionar e interagir com nosso mundo sendo um arquivo de dados em um computador. Uma pessoa em um meio de dados não pensaria em livros reais, nem em pessoas reais, nem em rinocerontes reais. Após a operação, se você pensou que estava vendo um rinoceronte à sua frente, estava se referindo a um rinoceronte virtual, não a um rinoceronte real. O termo "rinoceronte" no mundo virtual do computador não tem relação de causa com o animal cinzento peso-pesado real.

Poderíamos também ter a certeza de que nossa própria consciência não é simplesmente uma ilusão. Para quem seria isso? John Searle resume:

> Se você tem a ilusão de que tem consciência, então você tem consciência. Você não pode aplicar a distinção usual entre aparência e realidade à consciência como pode a outros fenômenos. [...] Por exemplo, pode parecer que há alguém lá fora nas árvores, mas na realidade é apenas um jogo de luz e sombra [...] mas você não pode se enganar sobre a existência da própria experiência consciente.[26]

2. O que nos define como seres humanos?

Voltemos agora às premissas mencionadas no início. Se passarmos diante dos olhos a experiência mental ali proposta, podemos ter dor de estômago diante do resultado da digitalização e carregamento da mente nos comparando e tomando como um organismo vivo em suas múltiplas características e achando que nada teria mudado e tudo esteja normal. E, claro, deve de algum modo parecer que tal conjunto de dados tenha 'alguma vida'.

Nos caminhos da digitalização e carregamento da mente há toda uma série de crenças básicas surpreendentes que ressoam. Nesta seção, focarei em particular (2.1) o corpo em suas relações orgânicas, (2.2) o cérebro e (2.3) a consciência.

---

26 SEARLE, John. "Ich verstehe nicht ein Wort Chinesisch". *In*: BLACKMORE, Susan (ed.). *Gespräche über Bewußtsein*. Frankfurt: Suhrkamp, 2007, p. 277-296.

2.1 Corpo[27]

Vamos começar com o corpo vivo. Da perspectiva da digitalização, o corpo é apenas um quantitativo desmaterializável, nada relacionado aos processos mentais da pessoa. Pode ser facilmente substituído, por exemplo, pelo corpo de um robô.

Mas não leva a nada falar de *hardware* e *software* para descrever pessoas e suas expressões (conscientes) de vida. Com isso se eliminaria a distinção entre máquinas e totalidades vivas, que são sistemas abertos e não podem ser decompostos em partes. Pode-se facilmente desligar um computador e deixar um chip de memória de lado. Mas ao contrário, o metabolismo é fundamental para os seres vivos. Muito diferente das máquinas, os seres vivos têm desejo de viver. Além disso, seres vivos também zelam pela organização do que os constitui. O organismo é mais do que um órgão indispensável. É autopoiético: organiza-se, mantém-se vivo, recria-se constantemente e está em interação ativa com o meio que o rodeia.

> Podemos inventar ambientes novos e virtuais e representá-los em máquinas, mas não o nosso próprio corpo vivo. Podemos simular outras pessoas pela materialidade de seus corpos (Körper), mas não pela vitalidade que os anima (Leib). Pois não se pode simular a execução da subjetividade e, portanto, da corporeidade vital.[28]

O corpo vivo não é uma máquina que processa dados sensoriais. É uma forma significativamente organizada. Nossa identidade pessoal inclui não apenas a consciência, mas também nosso corpo. É a referência básica para a consciência. Não é um simples órgão que percebe. A percepção é um evento corporal.[29] Sem o corpo vivo, nossas vidas não

27 Nota do tradutor: o idioma alemão tem dois termos para corpo: Körper = corpo material; Leib = corpo vivo.

28 IRRGANG, Bernhard. *Posthumanes Menschsein? Künstliche Intelligenz, Cyberspace, Roboter, Cyborgs und Designer-Menschen – Anthropologie des künstlichen Menschen im 21. Jahrhundert*. Munique: Meiner, 2005, p. 76.

29 MERLEAU-PONTY, Maurice. *Phänomenologie der Wahrnehmung*. Berlim: De Gruyter, 1974.

seriam possíveis. Através do nosso corpo estamos no e para o mundo. Por meio dele nos localizamos no espaço e no tempo. Para entender a cognição, é preciso também considerar o ambiente e a comunicação. Em outras palavras: as outras pessoas, o espaço e o ambiente se abrem para mim a partir do meu próprio corpo vivo. "O espaço só se abre para um ser que tem uma estrutura expansiva em sua natureza corporal, que está 'à procura de algo' em termos de pulsão, impulso e pulsão e que vai além de si mesmo."[30] O corpo é capaz de se estender ao ambiente e se expandir. Em virtude do corpo, participamos da natureza e nos encontramos uns com os outros. Não basta apenas querer ver no corpo só o cérebro que ele leva. A este respeito, deve-se notar "que só um organismo móvel, que processa continuamente a consciência de sua interatividade com o ambiente, configura o pré-requisito suficiente para uma atividade cerebral ordenada, por meio da qual o organismo não apenas processa dados informativos que recebe, mas também reelabora os dados".[31]

Graças à presencialidade do corpo vivo podemos nomear o que nenhum espectador desencarnado poderia dizer: "o ponto da própria vida: ou seja, que é individualidade autocentrada, existindo por si mesma e em contraposição a todo o demais do mundo, com uma essencial fronteira entre interioridade e exterioridade".[32] Habilidades e experiência são 'incorporadas', e circulam pela carne e o sangue. Os processos de aprendizagem não apenas resultam em efeitos e mudanças na estrutura neuronal, mas também se inscrevem no corpo vivo.[33]

---

30 FUCHS, Thomas. *Leib, Raum, Person. Entwurf einer phänomenologischen Anthropologie.* Stuttgart: Klett-Cotta, 2000, p. 120.

31 ETZELMÜLLER, Gregor; FUCHS, Thomas; TEWES, Christian. "Einleitung: Verkörperung als Paradigma einer neuen Anthropologie". *In: Verkörperung – eine neue interdisziplinäre Anthropologie.* Berlim: De Gruyter, 2017, p. 9.

32 JONAS, Hans. *Das Prinzip Leben.* Frankfurt: Suhrkamp, 1997, p. 149.

33 "Essa memória é formada no curso das interações entre o organismo e o ambiente, na medida em que padrões recorrentes de interação são refletidos em esquemas sensório-motores e disposições físicas correspondentes. [...] Essa memória corporificada é atualizada

Graças ao nosso corpo estamos ancorados no mundo, estamos no e para o mundo. O corpo é o meio entitativo das pessoas humanas: a dimensão pessoal aparece e se expressa nele. O corpo não é um apêndice, mas me pertence. Quem ataca meu corpo não ataca uma coisa, mas ataca a mim. O corpo vivo é "O meio, que como tal difere de nós (como os que vivem em um meio), mas que não se dá de forma independente em si mesmo, ao nosso lado como a luz e o ar, que também são meios para nós, muito mais do que meio circunstante, é um meio que constitui um elemento intrasferível e essencial de nossa individualidade".[34]

Um escaneamento do cérebro – como no caso da operação descrita acima – não deve nos fazer esquecer que estamos lidando com seres humanos constituídos em uma unidade vivente. O escaneamento que o cirurgião cria não pode ser equiparado à pessoa viva.

2.2 Cérebro

É também importante notar sobre o que, afinal, deve ser e fazer o nosso cérebro. Nossa realidade não é apenas uma criação do cérebro. O cerne da questão é que a condição constitutiva de o objeto de nosso consciente ter o mundo presente é ela mesma uma coisa no mundo. O órgão empiricamente compreensível sob nossa calota craniana e o 'eu penso' – no sentido da forma transcendental de pensar e conhecer – não são idênticos um ao outro; pois se forem equiparados, isso não se faria justiça nem ao cérebro nem à consciência: ficariam misturados. O cérebro não é um sujeito que percebe ou experimenta algo: você não é seu cérebro.

Nosso cérebro é um órgão extremamente complexo que se desenvolve dinamicamente e inserido em um conjunto orgânico. Cérebro e organismo não são duas entidades separadas, mas integradas. Inúmeras e complexas

por situações adequadas ou por atos de vontade predominantes." (FUCHS, Thomas; ETZELMÜLLER, Gregor; TEWES, Christian. *Op. Cit.*, p. 30).

34 WELTE, Bernhard. "Leiblichkeit als Hinweis auf das Heil in Christus". *In*: *Gesammelte Schriften, vol. I/3: Leiblichkeit, Endlichkeit und Unendlichkeit*. Friburgo: Herder, 2006, p. 84.

mudanças de relações ocorrem entre o cérebro e o organismo no ambiente a que estão ligados. Fibras nervosas sensoriais e motoras conectam o cérebro e o conjunto orgânico. Sinais bioquímicos garantem um intercâmbio.

> O cérebro é constantemente informado sobre o corpo através do sistema somatossensorial, com três subsistemas: informações sobre o meio interno e os órgãos, a posição do corpo no espaço e a posição dos membros em relação ao corpo (sistema de equilíbrio e movimento) e o toque delicado, que juntamente com outros órgãos sensoriais, como olhos e ouvidos, fornecem informações sobre a conexão entre o corpo e o mundo dos objetos. [...] As informações estão constantemente sendo enviadas do corpo para o cérebro [...]. O cérebro não seria nada sem o corpo, ele precisa do corpo como referência fundamental.[35]

Existem também inúmeras conexões em outra direção: o cérebro garante a boa manutenção do ambiente interno e conduz processos importantes. O cérebro não é um mundo pequeno em si, mas está em constante intercâmbio com o corpo e o ambiente – além disso, é extremamente capaz de adaptação. O cérebro medeia ressonâncias entre organismo, espaço e ambiente.[36]

Segundo Wolf Singer, pesquisador alemão sobre cérebro, como parte das reflexões sobre a digitalização e carregamento da mente, se faz uma tentativa de "reproduzir rapidamente um processo de otimização que a evolução levou milhões de anos para fazer, e isso às vezes com grandes perdas, usando uma mesquinha tecnologia de computador".[37] Singer refere-se à complexidade dos processos neurais e leva adiante essa consideração:

---

35 RAGER, Günter. "Neuronale Korrelate von Bewusstsein und Selbst". *In*: QUITTERER, Josef; RUNGGALDIER, Edmund (eds.). *Unser Selbst. Identität im Wandel der neuronalen Prozesse.* Paderborn: Brill, 2003, p. 49.

36 É um "órgão que está inextricavelmente inserido em relações sistêmicas com o meio ambiente, que é constituído social e historicamente e que nos conecta ao mundo por meio de suas atividades translacionais. Assim, torna-se a base da mente consciente." FUCHS, Thomas. "Kosmos im Kopf? Neurowissenschaften und Menschenbild". *Zeitschrift für medizinische Ethik,* 1: 3-14, 2006, p. 13.

37 SINGER, Wolf. "Auf der Suche nach der Verbindung zwischen Materie und Geist". *In*: HÜLSWITT, Tobias; BRINZANIK, Roman (eds.). *Werden wir ewig leben? Gespräche über die Zukunft von Mensch und Technologie.* Berlim: Suhrkamp, p. 171

> Agora, é claro, você pode tentar usar um computador para simular processos que suspeitamos ocorrer no cérebro. Isso já está sendo feito. Mas o que uma única célula nervosa faz só pode ser simulado até agora por aproximação e simplificação grosseira. E levam não poucas horas para reproduzir um segundo da atividade neural em tempo real.[38]

Parece realmente estranho que através de processos técnicos digitais possam ser reproduzidos bem mais de cem bilhões de neurônios. Relevantes publicações também sugerem que processos inconscientes não parecem ser tão importantes. Entretanto, eles fazem parte de nós como seres vivos. Fatores genéticos e epigenéticos que ajudam a moldar a vida humana também parecem ser desconsiderados. O fator decisivo aqui é a convicção de que o cérebro humano é uma máquina e que, ao captar processos microfísicos, é possível ao sistema B (chip) reproduzir as mesmas expressões de vida e processos que o sistema A (cérebro). Contra isso se diz:

> Por um lado, o cérebro consegue a descentralização e, por outro lado, a integração de uma forma diferente dos computadores convencionais: no sistema nervoso, muitas vezes a informação é processada em diferentes áreas ao mesmo tempo – e existe a ligação seletiva de processos que pertencem um ao outro, por exemplo visão e audição em determinada percepção, e a interligação com afetos correspondentes e – especialmente em humanos – com memórias e ideias.[39]

Nesse contexto, gostaria de mencionar uma reflexão feita por Benjamin Libet. Computadores e humanos obviamente diferem em termos de sua composição material. Mas suponha que exista uma característica X encontrada tanto em computadores quanto em humanos. E então X como o denominador comum do computador e dos sistemas humanos. Segundo ele, o fato de um traço comum poder ser encontrado não

---

38 *Ibidem*, p. 172.

39 GIERER, Alfred. *Im Spiegel der Natur erkennen wir uns selbst. Wissenschaft und Menschenbild*. Hamburgo: Rowohlt, 1998, p. 99; veja também: LENZEN, Wolfgang. "Schatten über dem Geist – eine kritische Rezension der Bücher von Roger Penrose". *Kognitionswissenschaft*, 6: 35-46, 1997.

significa que outro traço, chamemos de Y, também deva ser comum. Ele vê a mesma falácia lógica escondida em uma afirmação semelhante: essa é a ideia de ser capaz de substituir cada célula nervosa em nosso cérebro por um chip de silício e substituir todas as funções que nosso cérebro executa por meio de um chip extremamente poderoso. "Se pudéssemos fazer isso para todo o cérebro, teríamos um instrumento capaz de executar funções indistinguíveis daquelas do cérebro original."[40] Mas aqui se esquece, de acordo com o neurocientista, o que o cérebro original e o chip milagroso de alto desempenho têm em relação a sistemas fundamentalmente diferentes. O chip gigante carece da referência ao corpo e à vitalidade. "O cérebro", como afirma Libet, "é estrutural e funcionalmente diferente de um sistema que consiste em chips de silício".[41]

2.3 Ser Consciente

No contexto das considerações sobre digitalização e carregamento da mente, a ideia de que nosso ser consciente possa ser quantificado e sem precisar ser essencialmente distinto de sua reprodução em computador é obviamente importante. Ser consciente e pensamento são doravante entendidos como processamento de informações no modo de cálculo. De acordo com esta suposição básica, pode-se finalmente tornar compreensível como se dá a consciência.

Supõe-se que os processos de consciência sejam estados cerebrais e que estes possam ser completamente registrados fisicamente. No entanto, isso é extremamente questionável por razões filosóficas e científicas. Quando duas pessoas conversam entre si, você pode detectar fisicamente os tons que medem as ondas. No entanto, o conteúdo do pensamento, a intenção dos falantes e o significado dos termos que eles usam não são

---

40 LIBET, Benjamin. *Mind Time. Wie das Gehirn Bewusstsein produziert*. Frankfurt: Suhrkamp, 2005, p. 264.

41 *Idem*.

registrados. A experiência qualitativa não pode ser representada em procedimentos de cálculo.[42]

Do ponto de vista fisiológico, permanece incompreensível que haja consciência de si mesmo. Nossa consciência é capaz de ligar eventos uns aos outros e relacioná-los uns aos outros. Quando experimentamos algo, experimentamos a nós mesmos, mas a consciência de si não é algo que possa ser medido espacialmente ou como um ponto matemático que pode ser localizado, e é por isso que escapa do entendimento completo das ciências naturais.

A unidade da consciência de si se abre para a consciência reflexiva. Não se revela pela perspectiva da terceira pessoa, nem pelos dados coletados em computador. O que é problemático sobre a digitalização da mente é que as qualidades da experiência não são levadas a sério. O que permanece no escuro é qual é o meio ambiente de nossa experiência e percepção. As qualidades sensitivas não podem ser quantificadas e transferidas.

No contexto das considerações de carregamento da mente, se despreza o fato de que a presença de informações físicas não é uma condição suficiente para a existência da consciência. Uma entidade física – como o cérebro – não deve ser simplesmente equiparada a um significado fisicista.[43]

No contexto dos pensamentos sobre digitalização da mente, a consciência também é entendida como a representação interna do respectivo

42 Sobre a problemática do fisicalismo, veja: KNAUP, Marcus; SPÄT, Patrick; MÜLLER, Tobias (eds.). *Post-Physikalismus*. Friburgo: Karl Alber, 2011.

43 O fisicalismo não é, como frequentemente se sugere, uma ciência natural como a física, mas uma hipótese filosófico-metafísica sobre o que é considerado real ou realizável. A atitude ideológica do fisicalismo muitas vezes não é tão fácil de determinar, uma vez que está revestida com o manto da cientificidade e pode, aparentemente, referir-se a experimentos que chamaram muita atenção e são altamente elogiados. "O caráter metafísico da Física para os fisicalistas se mostra no fato de estarem prontos a priori para descaracterizar qualquer fenômeno que a Física não tenha antes sustentado, mas que ao final, o fenômeno será sim sustentado pela Física. São coisas assim que são chamadas de 'redução ao físico'". MEIXNER, Uwe. "Die Aktualität Husserls für die moderne Philosophie des Geistes". *In*: NEWEN, Albert (ed.). *Seele, Denken, Bewusstsein. Zur Geschichte der Philosophie des Geistes.* Berlim: De Gruyter, 2003, 308-388, p. 346.

cérebro. Diferente, por exemplo, de textos behavioristas, conceitos mentais são aqui também admitidos. Nossa consciência não fica em algum lugar sob nossos crânios. Pertence a nós como seres vivos, é uma expressão integral da vida de todo o organismo em momentos específicos. A consciência ocorre no corpo vivo. Dito de outra forma: a consciência é incorporada; o corpo é a base das expressões conscientes da vida.

3. Que esperanças estão associadas à digitalização da mente?

Plessner já reconhecia: "Cada tempo encontra sua palavra salvadora. O século 18 teve seu auge no conceito de razão, que no século 19 passou a desenvolvimento e na atualidade ao conceito de vida".[44] Essas considerações de Plessner, com as quais ele abre sua obra *The Stages of the Organic and Man*, parecem não ter perdido em nada sua atualidade. O que vem depois da vida que conhecemos? Que oportunidades a tecnologia oferece para isso?

Muitas esperanças estão associadas à tecnologia – incluindo a esperança de que a doença, o sofrimento e até a morte possam ser superados. Neste contexto, a tecnologia não é entendida apenas como uma ferramenta para fazer valer os interesses humanos ou para compensar as fragilidades humanas. Mais do que isso, deve também capacitar as pessoas a irem além dos limites do que é natural. Sonha-se com uma vida completamente nova e diferente. Já no texto de Bernal encontramos a ideia de tirar os limites da vida. Não é diferente em textos pós-humanistas de hoje. A 'nova' vida deve surgir sem componentes corporais vivos. E sem o corpo, também é prometido um nirvana digital. Esse tom quase religioso é muito forte – e nesse aspecto representa um desafio para a filosofia da religião e a teologia, que às vezes se encontram notadamente silenciosas e reservadas em relação

---

44 PLESSNER, Helmuth. *Die Stufen des Organischen und der Mensch. Einleitung in die philosophische Anthropologie.* Berlim: De Gruyter, 1975, p. 3.

a seus temas centrais. De qualquer forma, uma observação de Max Horkheimer, dos anos 1960, me parece bastante atual:

> As pessoas confiam – reconhecidamente ou não – apenas na ciência e evitam exagero e classificação filosófica de seus resultados. [...] A própria teologia tenta adaptar-se às necessidades e às percepções sociais da época, para não mais levarem as pessoas a fazer coisas que hoje só parecem engraçadas e estranhas.[45]

Mark O'Connell vê conexões entre as crenças subjacentes à digitalização e carregamento da mente e as antigas crenças gnósticas. Ele aponta que, de acordo com as ideias gnósticas, o mundo material e, portanto, também o corpo humano remontam a um demiurgo e que na verdade é o espírito que compõe nossa humanidade, embora aprisionado em um corpo.[46] Por meio do aperfeiçoamento do conhecimento, uns poucos escolhidos poderiam alcançar a salvação e deixar para trás o mal da encarnação.

No entanto, a meu ver, deve-se também considerar as diferenças: e assim, na maioria das publicações sobre digitalização das mentes, fazem falta referências cristológicas e trinitárias. Além do fato de que a mídia de armazenamento geralmente não tem uma vida útil particularmente longa, a digitalização do produto da mente não entraria em um estado extratemporal. Espaço e tempo continuariam a valer aqui. De acordo com os proponentes do *Mind Uploading*, os seres humanos não se colocam em confronto com outras pessoas, com a natureza ou o divino. Mais que isso, o ser humano se fecha em si mesmo, não se abre para algo que o transcende, mas confia apenas em métodos técnicos e modos de pensar.

E na tradição cristã, por exemplo, em perspectiva da esperança da ressurreição, o corpo colocado na sepultura com a promessa de chegar à plenitude de vida tem diante de si um futuro. Enquanto pensadores de

---

45 HORKHEIMER, Max. "Bemerkungen zur Liberalisierung der Religion". *In*: SCHATZ, Oskar (ed.). *Hat die Religion Zukunft?* Graz: Styria, 1971, 113-119, p. 117.

46 O'CONNELL, Mark. *Op. Cit.*, p. 83 ss.

cunho marxista esperam uma matéria transformada no novo mundo,[47] para o cristianismo isso tem valor de verdade.[48] Não será redimida apenas uma parte do ser humano, por exemplo, seu cérebro, seu coração ou sua alma.[49] Não é algo sem referência material que é redimido. Segundo o pensar cristão, a perfeição é prometida ao ser humano integral.

> É claro que ninguém pode imaginar com a esperança o que concretamente 'ressurreição' e 'nova terra' significam, mas o que se poderia dizer é que nada do humano será inútil ou desprezado em quem, feito para ser historicamente bom, é de fato bom, justo, verdadeiro, bem realizado, próspero e saudável.[50]

---

47 Assim fala, por exemplo, Ernst Bloch, motivado pela esperança de uma superação real das alienações históricas, de um novo mundo e de um novo estado da matéria. BLOCH, Ernst. *Das Prinzip Hoffnung*. Frankfurt: Suhrkamp, 1959, v. III, p. 1622-1628.

48 Como bem se sabe, Tomás de Aquino ensinou que conosco, humanos, corpo e alma, que são substâncias incompletas em si mesmas, combinam-se para formar uma natureza individual completa: um *suppositum rationale* na terminologia de Tomás. De acordo com isso, o ser humano é um corpo permeado de alma. Na morte, todo o corpo e a alma são destruídos, e de acordo com Tomás, a alma se separa do corpo. A *anima separata*, a alma separada do corpo, não é uma pessoa. Mesmo no encontro com Cristo ela não pode ser completamente feliz porque lhe falta o corpo. Segundo Tomás de Aquino, é "óbvio que a alma está naturalmente unida ao corpo. Pois em sua essência ela é a forma do corpo. Consequentemente, é contra a natureza da alma ficar sem corpo. Entretanto, nada antinatural pode existir para sempre. Portanto, a alma não ficará sem corpo para sempre. Mas como dura para sempre, o corpo deve se unir a ela; isso significa 'ressurreição'." (AQUINO, Tomás de. *Summa contra gentiles* IV, 79). Tomás fala no contexto da ressurreição do corpo vivo.

49 A ideia de alma é diferente de um código digital. Veja: KNAUP, Marcus. "Aristoteles und die Seele als Entelechie". *In*: BENETKA, Gerhard; WERBIK, Hans (eds.). *Die philosophischen und kulturellen Wurzeln der Psychologie. Traditionen in Europa, Indien und China.* Gießen: Psychosozial, 2018, p. 15-39.

50 PIEPER, Josef. "Hoffnung und Geschichte. Fünf Salzburger Vorlesungen". *In*: *Kulturphilosophische Schriften* (Werke, vol. VI). Hamburgo: Meiner, 1999, 375-440, p. 437; veja também: KNAUP, Marcus. "'Schwarzbrot für das himmlische Hochzeitsmahl'– Josef Pieper und Thomas von Aquin über die Letzten Dinge". *In*: MÖLLENBECK, Thomas; WALD, Berthold (eds.). *Tod und Unsterblichkeit. Erkundungen mit C. S. Lewis und Josef Pieper.* Paderborn: Brill, 2015, p. 96-111.

4. O que se pode fazer diante da perspectiva da digitalização e carregamento da mente?

Nas reflexões sobre a digitalização e carregamento da mente, o que se visa é se o resultado obtido é propício ou não para alcançar os próprios objetivos. A vulnerabilidade, o sofrimento, o adoecimento e a morte são vistos como algo a ser superado.

Consequentemente, a própria corporeidade não faz realmente parte da identidade de alguém. O corpo não é mais que um simples instrumento para desenvolver uma identidade baseada em processos de informação. Existe, com isso, o perigo de se negar simplesmente algo que nos integra como seres humanos.

Há que se redescobrir o conjunto corpo e vida, o corpo vivo como condição para o nosso olhar a partir da vida. A conexão entre corporeidade e vitalidade é capaz de nos mostrar que simplesmente não basta definir a pessoa humana apenas em termos de seus processos de consciência. As experiências de vida não se refletem apenas em conexões neurais, mas também emergem como aparência no próprio corpo.

Há que se questionar aqui a confiança acrítica na técnica que faz prevalecer a viabilidade da execução. Nem todos os problemas podem ser resolvidos tecnicamente. Ao contrário das promessas técnicas de reduzir as pessoas a um código que pode ser perfeitamente controlado, precisamos estabelecer o que realmente torna nossa vida bem-sucedida e o que abre para nós as portas de uma real liberdade.

Pode-se perceber uma natureza que não é de modo algum uma máquina morta, mas o pano de fundo da vida. Ao contrário de uma visão que se preocupa exclusivamente com recursos calculáveis e aplicáveis, ou seja, com uma relação instrumental com a natureza, esta deve ser considerada como fonte de desenvolvimento e crescimento.

> À medida que cresce nossa capacidade de mudar o mundo, torna-se igualmente importante entendermos melhor a conexão entre os mundos natural e

> artificial. [...] Não basta [...] que nossa ciência inclua os fenômenos naturais. Devemos também desenvolver uma compreensão científica do artificial.[51]

É importante o Eu apreciar os aspectos positivos do envelhecimento e enfatizar que todas as fases da vida pertencem uma à outra. Envelhecer não é nada para se envergonhar. Segundo Bernhard Welte: "Assumir o envelhecimento e ser velho significa principalmente: fazer tudo o que se consegue, e com toda a serenidade assumir o que já não se consegue mais".[52] A fragilidade e o adoecer podem de fato – embora infelizmente este não é o caso aqui – ter um sentido positivo e significativo.[53] Vulnerabilidade é uma das constantes básicas do ser vivo – e as pessoas que veem o lado dos outros, que se amam, deixam-se prender e tornam-se vulneráveis. Querer passar sem isso seria extremamente desolador.

É assim também que se deve cultivar uma visão diferenciada do morrer humano[54] e da morte, que é total, inevitável e irreversível. Ela é uma área inegociável do humano. A morte não é apenas um colapso de processos cerebrais digitalizados (*wetware*), mas um acontecimento existencial que já

---

51 SIMON, Herbert A. *Die Wissenschaften vom Künstlichen*. Berlim: Springer, 1990. *Apud*: MAINZER, Klaus. "Die Wissenschaften vom Künstlichen und Komplexen: Synthetische Biologie als Technikwissenschaft des 21. Jahrhunderts". *In*: VOIGT, Friedemann (ed.). *Grenzüberschreitungen – Synthetische Biologie im Dialog*. Friburgo: Karl Alber, 2015, 55-74, p. 55.

52 WELTE, Bernhard. "Besinnung im Wandel. Über die Stellung und Aufgabe des älteren Menschen in unserer Gesellschaft". *In*: *Gesammelte Schriften*, vol. 1/3 (wie Anm. 33). Friburgo: Herder, 2006, p 116-123.

53 ENGELHARDT, Dietrich von. *Mit der Krankheit leben: Grundlagen und Perspektiven der Copingstrukturen des Patienten*. Heidelberg: für Medizin Dr. Ewald Fischer, 1986; AKASHE-BÖHME, Farideh; BÖHME, Gernot. *Mit Krankheit leben. Von der Kunst, mit Schmerz und Leid umzugehen*. Munique: C.H.Beck, 2005.

54 "Hoje, morrer é entendido como algo a ser controlado e cada vez mais entendido como uma tarefa criativa. A morte é enfrentada cada vez mais com a atitude de administração. Esquece-se que a atitude básica de querer fazer algo não é adequada para fazer justiça ao morrer de todas as coisas. Afinal, morrer significa que a vida nos escapa, e há algo de contraditório na pretensão de ter tudo sob controle mesmo na hora da morte." MAIO, Giovanni. "Gefangen im Übermaß an Ansprüchen und Verheißungen. Zur Bedeutung des Schicksals für das Denken der modernen Medizin." *In*: *Abschaffung des Schicksals*. Friburgo: Herder, 2016, 10-48, p. 31.

se desenha em minha vida e com o qual posso e devo me relacionar como um ser de liberdade.[55] Diante do medo da morte, que pode ser paralisante, há uma *ars moriendi*, uma arte de morrer a se redescobrir. Evoquemos três testemunhas disso: o rei filósofo Marc Aurel, o vencedor do Prêmio Nobel de Literatura Thomas Mann e o psiquiatra e filósofo Karl Jaspers.

Morrer, afirmou Marc Aurel, faz parte da condição humana. Nesse sentido, a morte também não deveria ser motivo de vergonha.[56] Não devemos, absolutamente, nos colocar no aqui e agora como se fôssemos viver mais dez mil anos.[57] Ele recomenda vagar pela vida e deixar na mão dos deuses seus afazeres e oportunidades.[58] Não se pode desprezar a morte.[59] A morte é um mistério que não está à disposição do meu querer.

Ars moriendi significa mais do que uma saída biológica do cenário da vida. O que se pretende é redescobrir o limitado tempo disponível como algo precioso e afirmar a própria finitude, integrando na vida a aceitação da contingência, do sofrimento e da morte. Thomas Mann viu muito claramente que tomar consciência da transitoriedade pode levar a uma melhoria da existência. Ele escreve:

> [...] a transitoriedade é [...] a alma do ser, é o que dá valor, dignidade e interesse a toda a vida, pois cria o tempo [...] onde não há transitoriedade, não há começo e nem fim, nascimento e morte, não há tempo – e a atemporalidade é o nada permanente [...]."[60]

---

55 Max Müller diz bem: "A experiência da morte também é constitutiva para a experiência histórica real do significado. Um contraexemplo: a ficção de uma vida imortal. Em tal vida, nada precisa ser feito agora. Toda decisão de liberdade perde seu sentido: pode ser compensada à vontade; cada erro pode ser compensado no tempo infinitamente disponível da vida imortal. Assim, o erro deixa de ser um erro [...] O tempo, a liberdade, a história tornam-se irrelevantes e, portanto, sem sentido: o amor não precisa acontecer agora, nenhum encontro é mais decisivo, tudo pode ser adiado [...]. Sem a morte, não há experiência da felicidade como felicidade [...]". MÜLLER, Max. *Erfahrung und Geschichte.* Friburgo: Karl Alber, 1971, p. 133.

56 Cf. AUREL, Marc. *Wege zu sich selbst.* Frankfurt: Fischer, 2011, Buch IV 5, p. 37-38.

57 *Ibidem,* Buch IV 17, p. 40.

58 *Ibidem,* Buch IV 31, p. 44.

59 *Ibidem,* Buch IX 3, p. 117.

60 MANN, Thomas. "Lob der Vergänglichkeit". *In*: *Gesammelte Werke in 13 Bänden. vol. X: Reden und Aufsätze II.* Frankfurt: Fischer, 1990, 383–385, p. 383.

> "Uma das características mais essenciais que distinguem os seres humanos do resto da natureza é o conhecimento da transitoriedade [...]."[61]
>
> "[A nós humanos] é dado a santificar o tempo [...] e com sua ajuda extrair o imortal do transitório."[62]

O cerne de uma *ars moriendi* seria então aprender a deixar as coisas passarem, treinando o morrer. Dessa atitude de aceitar a própria mortalidade, o reconhecimento da própria impotência, pode advir o gosto de aproveitar a própria vida, e novas áreas de liberdade podem se abrir. Falando com Jaspers:

> Reagimos às situações limítrofes [...] de forma significativa, não por meio de planejamento e cálculo para superá-las, mas por meio de um agir completamente diferente, o vir-a-ser da existência possível dentro de nós; tornamo-nos nós mesmos entrando em situações-limite de olhos abertos. No desamparo da existência está a ascensão do ser em mim. O limite assume sua função própria de também ser imanente e já apontar para a transcendência. Depois desse salto, minha vida para mim é outra coisa. Eu digo 'eu mesmo' em um novo sentido. Torno-me consciente de mim mesmo como nascido através de mim.[63]

Nesse sentido, as pessoas ganham liberdade interior quando estão dispostas a aceitar seus próprios limites. Vida e morte que integre o ser humano como ser de liberdade, a qual seria a mesma que enfrentaria abertamente a morte, essa escuridão que nos põe diante de nossa própria possibilidade mais fora de nós.

2. Conclusão

Estamos concluindo. Muitas premissas, consciente ou inconscientemente assumidas na digitalização da mente, estão equivocadas. O ser humano nem é um programa superado nem pode ser reduzido a um código. É importante levá-lo a sério nas múltiplas possibilidades que tem de se expressar, em sua interação viva e corpórea com o ambiente e com outras pessoas.

---

61 *Ibidem*, p. 384.

62 *Ibidem*, p. 385.

63 JASPERS, Karl. *Philosophie, vol. II: Existenzerhellung.* Berlim: Springer, 1973, p. 204-207.

As publicações sobre digitalização das mentes não são literatura de ficção científica, mas sim expressão de um ponto de vista ideológico que não deveria ser subestimado. Trata-se de um pensamento que não só é profundamente hostil à corporeidade humana, como também se volta contra tudo o que constitui o nosso ser humano e é, portanto, perigoso.[64]

64 Esta contribuição se encontra também em: WILLMANN, Tim; MALEQ, Amine El. (eds.). *Sterben 2.0. (Trans-) Humanistische Perspektiven zwischen Cyberspace, Mind Uploading und Kryonik.* Berlim: De Gruyter, 2022, p. 175-194.

Da Alma Eterna ao Espírito Infinito. Perda do além e desenvolvimento tecnológico

Patrick Becker

A contribuição a seguir visa compreender a lógica desse processo de transformação (1.) apresentando a preocupação em unir de modo geral os conceitos de alma da Antiguidade e da Idade Média. A isto se contrapõe (2.) o programa reducionista hoje em voga, que determina a consciência humana como um produto da atividade cerebral. A diferença é (3.) fixada em uma abordagem diferenciada do mundo: enquanto o reducionismo é evocado por sucessos científicos e técnicos e, portanto, de mãos dadas com um otimismo sobre o progresso nesse mundo, o paradigma original da alma está ligado a uma esperança para além desse mundo. E por fim (4.), se colocam algumas reflexões que talvez resgatem pontos fortes de ambos os conceitos.

1. O surgimento e desaparecimento do termo 'alma'

Como primeiro passo desta contribuição, num breve passeio pela história do termo, queremos mostrar as conotações centrais do conceito de 'alma', e que seu desaparecimento do uso frequente está ligado a uma visão cada vez mais interiorizada e como a uma compreensão funcionalista dos seres humanos.

Os fundamentos do conceito de 'alma' foram desenvolvidos ao longo da antiguidade grega. Jan Bremmer mostra que o equivalente grego *psyché,* que se encontra na literatura grega mais antiga, a Ilíada e a

Odisseia de Homero, caracteriza a parte do ser humano que sobrevive à morte.[1] No entanto, inicialmente não há conexão com os aspectos psicológicos de uma pessoa. Em Homero, eles recebem várias outras designações. Isso carece de um lugar unificado de consciência, um eu que tome decisões e possa atuar como o centro da mente. Em Homero, as almas mortas são apenas sombras impotentes.

A ligação da alma com as características mentais do homem ocorreu nos séculos seguintes. Nas tragédias tardias, por exemplo, ela foi compreendida como lugar dos sentimentos e do caráter de uma pessoa, de modo que se estabeleceu cada vez mais como o centro do ego. Pitágoras descreveu a *psyché* como o núcleo do ser humano que se reencarna. Bremmer suspeita que o motivo dessa reavaliação seja o desenvolvimento do espaço privado na sociedade ateniense, que levou a um maior foco no indivíduo e em seus sentimentos. Há que se notar ainda a ênfase na responsabilidade individual, que o distingue do coletivo e, por isso, o foco é cada vez mais o indivíduo. Assim, a alma não representava mais apenas o princípio da vida do homem, mas também funcionava como um lugar de responsabilidade e decisões morais.

As afirmações de Bremmer são confirmadas por Jean-Pierre Vernant. Vernant descobriu que na antiguidade grega o 'indivíduo' era formado primeiramente como um indivíduo dentro da sociedade e, em segundo lugar, como um sujeito único, mas não como um ego com sua própria identidade.[2] Com isso, destaca-se a antiga compreensão de individualidade como também o significativo passo do desenvolvimento espiritual

---

1 Cf. BREMMER, Jan N. "Die Karriere der Seele. Vom antiken Griechenland ins moderne Europa". *In*: KIPPENBERG, Hans G.; RÜPKE, Jörg; STUCKRAD, Kocku von. (eds.). *Europäische Religionsgeschichte. Ein mehrfacher Pluralismus, Bd. II.* Gotinga: UTB, 2009, p. 497-524.

2 Cf. VERNANT, Jean-Pierre. "Individuum, Tod, Liebe. Das Selbst und der andere im alten Griechenland". *In*: JANOWSKI, Bernd (ed.). *Der ganze Mensch. Zur Anthropologie der Antike und ihrer europäischen Nachgeschichte.* Berlim: Akademie, 2012, 155-172, p. 158.

que compreende os dois primeiros aspectos; ao mesmo tempo, torna-se clara uma diferença central em nossa visão atual de ser humano, que enfatiza precisamente o terceiro aspecto.

Vernant vê a realização do primeiro aspecto no herói marcial cujo destino único gerou interesse, prestígio e fama. Vernant esclarece o segundo aspecto do sujeito na poesia antiga, em que um autor formula sentimentos a partir da perspectiva de primeira pessoa.[3] Aqui a percepção subjetiva decisiva se baseia no que para o indivíduo é o belo, o detestável, o bem, o mal. No entanto, a visão do indivíduo é controlada de fora, não há introspecção. A avaliação é baseada na visão dos outros sobre as pessoas, o indivíduo não tem autoconsciência reflexiva.

Isso corresponde ao antigo conceito de alma, desenvolvido nas poderosas escolas filosóficas. Nele, torna-se decisiva a justaposição de alma e corpo, de *psyché* e *sôma*, que prevalece desde o século V a.C.: sobre um monumento de guerra do ano 432 a.C. diz-se que os *psychaí* dos atenienses caídos foram absorvidos no *ether* (uma espécie de ar superior), enquanto seus *sômata* (corpos) permaneceram na terra. No século IV a.C., "a justaposição de alma e corpo já estaria sendo o padrão",[4] explica Bremmer. Com Platão isso é claramente afirmado: o verdadeiro conhecimento, a razoabilidade e a valorização do ser humano acontecem, segundo Platão, ao se retornar ao espírito. O corpo aparece mais como um castigo, a alma separada do corpo significa salvação.

Com isso, é o conceito individualista de alma que de fato atinge a Antiguidade, e não o terceiro nível nomeado por Vernant. A "alma imortal no homem não representa sua psicologia única, mas sim o esforço do sujeito individual para se dissolver como um todo, para reentrar na ordem cósmica geral",[5] esclarece Vernant.

3 *Ibidem*, p. 164.

4 BREMMER, Jan N. *Op. Cit.*, p. 504.

5 VERNANT, Jean-Pierre. *Op. Cit.*, p. 168.

Para esse propósito, a dimensão escatológica que existe desde o início no conceito helenístico da alma é ainda ampliada e valorizada. Ao caracterizar a alma como imortal e assim distingui-la claramente do corpo, tornou-se possível a manutenção do indivíduo mesmo após a morte – seja renascida ou persistente em esfera superior.

Como explica Christoph Wulf, o termo 'alma' transmite a ideia de que os seres humanos consistem em mais do que apenas uma natureza empiricamente verificável, que eles têm um núcleo de ser que lhes permite se destacar da natureza e isso implica uma particularidade que se mostra nas habilidades mentais do ser humano.[6] A alma, explica Georg Gasser, tem uma "função criativa de unidade" na medida em que atua como uma "atividade global contínua do mesmo ser vivo".[7] Ao mesmo tempo, a alma tem "algo transitório em si"[8] que aponta para além do mundo e seus emaranhados e coloca o ser humano em relação a Deus e no além.

Isso tornou a filosofia helenística compatível com o cristianismo, o que aguçou a perspectiva individual e, assim, também com o tempo levou ao terceiro nível mencionado por Vernant. A palavra *psyché* entrou no contexto judaico através da Septuaginta, a tradução das Sagradas Escrituras judaicas para o grego. Consequentemente, também é encontrado em textos judaicos e judaico-cristãos posteriores. É perceptível que Paulo usa *psyché* para indicar a localização dos sentimentos (Filipenses 1:27), mas não em conexão com a vida após a morte. A partir dessas e de outras descobertas textuais, Bremmer conclui que "os primeiros cristãos ainda não conheciam uma oposição decisiva entre corpo e alma".[9] No

---

6 Cf. WULF, Christoph. "Präsenz und Absenz. Prozeß und Struktur in der Geschichte der Seele". *In*: JÜTTEMANN, Gerd.; SONNTAG, Michael; WULF, Christoph (eds.). *Die Seele. Ihre Geschichte im Abendland*. Gotinga: Parkland, 2005, 5-12, p. 5.

7 GASSER, Georg. "Die Aktualität des Seelenbegriffs". *In*: *Idem;* QUITTERER, Josef (eds.). *Die Aktualität des Seelenbegriffs. Interdisziplinäre Zugänge*. Paderborn: Brill, 2010, 9-27, p. 16.

8 WULF, Christoph. *Op. Cit.*, p. 5.

9 BREMMER, Jan N. *Op. Cit.*, p. 510.

entanto, isso mudou porque a filosofia teve uma influência crescente na teologia cristã. Justino, Taciano, Clemente de Alexandria e Orígenes teriam implementado essa justaposição no cristianismo para fornecer um fundamento filosófico para a doutrina da ressurreição.

Agostinho adotou a dicotomia corpo-alma do neoplatonismo. Ao insistir com as pessoas para entrarem em si mesmas e lá buscarem a Deus, ele deixava claro o maior valor do espiritual sobre o físico. Segundo Agostinho, somente a alma é "capaz de subir a Deus e se unir a ele".[10] Essa distinção entre corpo e alma foi assumida pelo cristianismo. A seguir, a imortalidade da alma foi codificada no V Concílio de Latrão, em 1513, e assim se construiu uma diferença essencial entre corpo e alma no ensinamento católico, que pode também ser encontrado hoje no *Catecismo da Igreja Católica*.[11]

A alma adquiriu assim uma função constitutiva no modelo cristão da vida após a morte, a saber, a preservação da identidade. Isso tornou possível considerar a responsabilidade do ser humano diante de Deus e fundar a moralidade. Esse conceito de alma se mostrou compatível com o pensamento aristotélico, que mais tarde, com Tomás de Aquino, influenciou a Idade Média. Tomás de Aquino se opôs explicitamente à concepção platônica, segundo a qual a alma é o ser essencial e o corpo é apenas uma adição acidental ao ser humano. O ser humano como indivíduo só existe na conexão de alma e corpo. No entanto, ele também atribuiu a imortalidade à alma – como um ser humano não realizado e incompleto – para que ela assuma a função de manter a continuidade e a identidade.

A alma poderia assim ser entendida como a essência do homem tanto durante sua vida quanto no estado intermediário entre a morte e o retorno de Cristo. Isso levou a uma abordagem pictórica que às vezes atribuía uma certa fisicalidade à alma. Nas representações artísticas da

---

10 WULF, Christoph. *Op. Cit.*, p. 5.

11 *Catecismo da Igreja Católica*, Munique, 1993, n. 366

morte de pessoas individuais, a alma às vezes era pintada como uma pequena figura que sai do corpo pela boca. Ao mesmo tempo, no discurso filosófico-teológico, era evidente que o caráter específico da alma consiste precisamente em sua imaterialidade e que ela está ligada a um corpo dentro do mundo e após o fim do mundo – mas não nesse meio-tempo entre a morte individual e o fim do mundo.

Esse consenso representa o ponto de partida para mudanças de longo alcance que ocorrem com os tempos modernos. A razão humana era tida em alta estima: se o aspecto futuro era um fator essencial na determinação da "alma", o poder criativo mundano interior da razão humana era agora cada vez mais enfatizado.

No início desse desenvolvimento está René Descartes, que foi o primeiro a definir *mens* (mente) como uma alternativa equivalente a *animus* (alma) – Descartes não usa o termo tradicional *anima* para se distinguir dos modelos aristotélico e platônico. Por um lado, ele queria enfatizar a natureza especial do ser humano em sua dotação espiritual (interna). Por outro lado, ele queria fazer justiça à abordagem empírica emergente sobre as pessoas. Além disso, enfatizou a autonomia do lado físico do ser humano, cujo funcionamento pode ser buscado totalmente sem a influência da alma.

Ao mesmo tempo, Descartes postulou uma interação entre alma/espírito e corpo, que chegou a vincular a um órgão específico dentro do cérebro, a glândula pineal. Ao fazer isso, ele desencadeou um debate sobre a localização da alma que se mostraria inviável ao longo dos séculos. Aqui se desponta o problema, tratado na segunda seção desse texto: se não se encontra lugar para a interação e o corpo funciona independentemente da alma/espírito, a conclusão óbvia é que o espírito ou a alma não tem sentido empírico e, portanto, é de modo geral irrelevante. A separação entre corpo e mente/alma estabelecida por Descartes, apesar de sua intenção não ir nessa direção, conduziu à posição hoje difundida, que contesta o valor essencial da mente/alma.

Antes disso, há outro desdobramento histórico-cultural decisivo para esta contribuição: desde os tempos modernos, a visão das pessoas é cada vez mais envolvida pela ênfase e valorização de sua individualidade. Enquanto Agostinho se concentrava no eu humano para reconhecer Deus e sua ordem de criação, o ego agora é entendido como autônomo e como sujeito de conhecimento. Isso se introduz a individualização da alma, em um contexto como que de ênfase na intenção para uma ação. Em vez de uma avaliação mais externa das ações humanas, agora se acentua o lado interno das pessoas e, com isso, os aspectos morais: na expressão de Wulf: "A alma religiosa torna-se palco de batalhas morais".[12] Também a pertença religiosa não é mais considerada um dado adquirido, mas uma decisão (de vida) que se assume.

Isso coloca o foco no interior do ser humano, o que não pode ser avaliado apenas com base nas aparências externas. O espírito humano continua desta forma a ter um alto valor intrínseco em relação ao corpo e, portanto, não pode ser decodificado cientificamente, mas está cada vez mais explicado por relacionamento a Deus.

Com as crescentes oportunidades de desenvolvimento do indivíduo, o foco no além perde importância. O discurso público de hoje não é sobre a salvação da alma. Essencial para o futuro não é uma ação da graça divina corrigindo as injustiças do mundo, mas sim o poder criativo do homem neste mundo. A doutrina religiosa relacionada à vida após a morte foi criticada no século XIX justamente porque a religião estaria sendo apenas um consolo barato na vida após a morte e impedindo a eliminação de problemas. Consequentemente, as condições ideais para este mundo são postuladas por utopias emergentes e apresentadas para implementação.

No final do século XX, esse desenvolvimento ocorreu na maioria dos países europeus: na sociedade europeia moderna, a felicidade é individualizada, relacionada a este mundo e entendida principalmente como

---

12 WULF, Christoph. *Op. Cit.*, p. 6.

autorrealização.[13] Com respeito à Alemanha, o sociólogo Gert Pickel chega a uma clara conclusão: "No geral, a religião para as pessoas é cada vez mais um aspecto secundário de sua vida cotidiana",[14] e continua: "Quase todos os alemães veem o sentido da vida enraizado no mundo ao seu redor".[15] Um estudo do Instituto de Ciências Sociais da Igreja Evangélica na Alemanha sobre o estilo de vida e as crenças de jovens aponta que a vida deles é determinada principalmente por eles mesmos. Os jovens afirmaram terem sido influenciados pela família, trabalho e amigos como fator secundário. A crença religiosa quase não desempenhou papel algum nas respostas deles.[16]

O ser humano então não está mais ligado a Deus, mas principalmente a si mesmo e a seus entornos sociais. Se ainda se fala em transcendência, isso ocorre em um sentido menor e mais interno contendo certas formas de culto ao corpo, esporte ou ideais sociais.

O aumento do poder criativo humano impulsiona então uma visão de mundo ligada ao momento presente e em formas materiais. A alma (ou o espírito, que a substituiu plenamente no debate atual) perde sua ancoragem original no além e, ao mesmo tempo, está cada vez mais relacionada ao lado físico. A autorrealização da razão interior de mundo torna-se central dentro da estrutura corporal.

Outro desenvolvimento é ainda importante para se entender o abandono do conceito 'alma' por uma visão cada vez mais funcional das

---

13 Cf. KNOBLAUCH, Hubert. *Populäre Religion. Auf dem Weg in eine spirituelle Gesellschaft.* Frankfurt: Campus, 2009.

14 PICKEL, Gert. "Religion, Religionslosigkeit und Atheismus in der Deutschen Gesellschaft – eine Darstellung auf der Basis sozial-empirischer Untersuchungen". *In*: THÖRNER, Katja; THURNER Martin (eds.). *Religion, Konfessionslosigkeit und Atheismus.* Friburgo: Herder, 2016, 179-224, p. 202.

15 *Ibidem,* p. 207.

16 Cf. Sozialwissenschaftliches Institut der Evangelischen Kirche in Deutschland (ed.). "'Was mein Leben bestimmt? Ich!' Lebens - und Glaubenswelten junger Menschen heute". Hannover, 2018, p. 12.

habilidades mentais humanas. Ulrich Barth vê um ponto de virada crucial para isso no século XIX. Ele considera Immanuel Kant o "real originador da mudança do pensamento substancial para o pensamento funcional que é significativo para a modernidade",[17] porque com ele o 'eu' recebe um papel funcional. Kant situou as afirmações psicológicas no nível empírico. De acordo com Kant, portanto, não faz sentido falar de "alma" em psicologia.

A nova disciplina da psicologia trabalha na perspectiva de que mesmo áreas introspectivamente inacessíveis da alma, como o inconsciente, podem se tornar acessíveis à análise empírica. Assim, o lado mental do ser humano parece poder ser trabalhado. Para isso, as disciplinas científicas se diversificam para assumir diferentes focos, como a psicológica sobre o inconsciente, a biológica sobre os mecanismos evolutivos e a sociológica sobre as influências sociais. As abordagens explicativas dessas disciplinas, a partir de seu método, são orientadas para este mundo funcional. Buscam sempre explicar um estado desde uma perspectiva funcional, até que ponto se pode dimensionar o valor do desempenho evolutivo, psicológico ou social ao lidar com determinados desafios. Wulf argumenta que isso também transmite uma nova imagem do ser humano:

> Os aspectos utilitários tornam-se decisivos. [...] O objetivo do desenvolvimento humano não é mais simplesmente a alma, mas simplesmente o corpo e sua autoafirmação. [...] A autorrealização ocorre através de uma redescoberta do corpo. Com ela, a alma fica desprovida de interioridade.[18]

Com isso, chegou-se à situação atual, em que o conceito 'alma' perdeu em grande parte seu espaço original e tornou-se insignificante na memória cultural. Isso se dá por uma lógica clara: uma vez que o conceito 'alma' tinha uma orientação transcendente desde o início da vida

---

17 BARTH, Ulrich. "Selbstbewußtsein und Seele". *In: Zeitschrift für Theologie und Kirche,* 101: 198-217, 2004. Aqui p. 201.

18 WULF, Christoph. *Op. Cit.,* p. 10.

(terrena), esta orientação tinha que desaparecer "do cenário das teorias quase sem deixar vestígios"[19] no processo de secularização do humano e suas ideias sobre o futuro.

Os esclarecimentos feitos até aqui visam delinear o processo subjacente de transformação social a longo prazo. No próximo passo, vejamos como o debate filosófico de hoje recebeu um impulso formativo com a pesquisa sobre o cérebro e seus sucessos retumbantes no final do século XX. Com isso, o modo de pensar científico ganhou ainda mais peso na determinação do ser humano, de modo que, nesse meio tempo, não apenas sua ligação com a vida após a morte entra em questão, mas também a existência ou, pelo menos, o valor intrínseco secularizado do seu espírito em geral: agora a questão discutida é se o espírito do ser humano em seu corpo pode ser reduzido.

2. Sobre a redução do ser consciente ao cérebro

Já em meados do século XX, crescia o número de vozes na filosofia da mente que viam a mente humana como uma construção causalmente ineficaz do cérebro. Com o advento dos sistemas de processamento de dados, surgiu uma comparação com o computador: na década de 1990, o casal Patricia e Paul Churchland apresentou modelos bem pensados que pretendiam demonstrar a natureza computacional do cérebro humano. Assim como um computador pode ser explicado de modo simplesmente físico, na opinião deles a mente humana também pode ser explicada sem prejuízo, apenas por funções cerebrais.[20]

Com sua total negação da existência do espírito, os Churchlands formularam uma posição extrema. Abordagens que não rejeitavam a existência da mente, mas rejeitavam sua eficácia causal, tornaram-se populares

19 BARTH, Ulrich. *Op. Cit.*, p. 199.

20 Cf. CHURCHLAND, Paul M. *Die Seelenmaschine. Eine philosophische Reise ins Gehirn, übers. von Markus Numberger.* Berlim: Spektrum, 2001.

nessa época. Por exemplo, em seu best-seller de 2002, *Ilusão de Liberdade*, Michael Pauen afirma que a mente não pode ser autônoma e livre no sentido de que o ego toma decisões independentes. Ao contrário, deve haver ali alguma forma de determinação presente, pois do contrário não trataria de liberdade, mas de arbitrariedade.[21]

O livro de Michael Pauen levantou muita poeira no debate. Seus argumentos não são explicitamente científicos. À primeira vista, parece não se encaixar na tese do presente capítulo, de que a lógica científica tenha se tornado influente e talvez até dominante na atual filosofia da mente. Mas vendo melhor, torna-se evidente que a sustentabilidade do argumento de Pauen se dá apenas com base em uma visão de mundo científica:[22] Ele admite apenas formas de 'determinação física' e 'coincidência'. Para evitar a aleatoriedade da tomada de decisões, em sua opinião, resta apenas uma compreensão mensurável das decisões volitivas. Ele usa o conhecimento científico sobre relações causais como argumento na análise do livre-arbítrio e do espírito humano.

A persuasão sobre tais abordagens recebeu um grande impulso nos anos 1990 no século XX, quando a ressonância magnética funcional (MRI) foi usada para medir a atividade cerebral. Essa técnica permite produzir mapas cerebrais que dão a impressão de que as pessoas podem ser observadas pensando. Com isto, a pesquisa sobre o cérebro teve um impacto imenso sobre o público, mesmo que a tecnologia não possa realmente atender a esse requisito pois para isso tem muito pouco espaço e tempo para resolução computacional. Também não mede a atividade sináptica, mas o fluxo sanguíneo, o que não é o mesmo. Portanto,

---

21 Cf. PAUEN, Michael. *Illusion Freiheit? Mögliche und unmögliche Konsequenzen der Hirnforschung*. Frankfurt: Fischer, 2004.

22 Cf. BECKER, Patrick. "Zu einer Bestimmung von 'Freiheit', 'Kreativität' und, Liebe'unter den naturalistischen Kausalitätsbedingungen"'. *In*: HERKENRATH, Ulrich. (ed.). *Zufall in der belebten Natur. Beiträge eines interdisziplinären Symposiums, November 2015*. Hennef: Roman Kovar, 2018, p. 185-200.

dificilmente pode permitir declarações sobre o âmbito do mesencéfalo, que inclui a rede sináptica e, portanto, o processamento real da informação.[23] Em um manifesto publicado em 2004 por onze pesquisadores de ponta sobre o cérebro, essa deficiência é também francamente admitida, ao mesmo tempo em que se afirma: "no que diz respeito à imagem que fazemos de nós mesmos, [...] num futuro muito próximo enfrentaremos choques consideráveis".[24] Aqui também se insere a tese de Pauen, de que o conceito de livre-arbítrio deveria ser descartado.

Até agora, a filosofia tem ido por esse caminho com relativa calma. Assim, Michael Esfeld afirma em uma introdução à *Filosofia da Mente* de 2005 que a "posição padrão [...] tem sido a versão funcionalista do fisicalismo por cerca de quarenta anos".[25] Esfeld define essa posição entendendo que os estados mentais podem ser determinados funcionalmente por seu papel causal. Com isso, o espírito perde toda autonomia e se integra no evento causal que pode ser descrito fisicamente ou descartado como um subproduto causalmente ineficaz. O mental poderia, então - como o mundo inteiro – ser comprovado apenas cientificamente de modo funcional.

Michael Pauen segue exatamente essa lógica pela qual defende ser a mente uma variante fraca do livre-arbítrio, pelo que de fato não decidiríamos livremente por algo, mas pelo menos poderíamos sentir-nos livres, se condicionamentos externos não impeçam a implementação de nossa vontade (em si não livre). Assim, ele defende a posição de conhecidos pesquisadores do cérebro, como Gerhard Roth ou Wolfgang Prinz,

23 Cf. HIMMELBACH, Marc. "Der Mensch denkt. Möglichkeiten und Grenzen der bildgebenden Hirnforschung". *In*: AUDRETSCH, Jürgen; NAGORNI, Klaus (eds.). *Der Mensch und sein Gehirn. Möglichkeiten und Grenzen der Neurowissenschaften (Herrenalber Forum 73)*. Karlsruhe: Evangelische Akademie Baden, 2013, p. 12-68.

24 ELGER, Christian E. *et al.* "Hirnforschung im 21. Jahrhundert: Das Manifest. Elf führende Neurowissenschaftler über Gegenwart und Zukunft der Hirnforschung". *Gehirn & Geist,* 6: 30-39, 2004, p. 36.

25 ESFELD, Michael. *Philosophie des Geistes. Eine Einführung.* Berna: W. Kohlhammer, 2005, p. 187.

que consideram uma ilusão esta forma determinante de livre arbítrio, pela qual temos um ego que pode decidir livremente entre as opções.[26] Todas essas abordagens têm em comum o fato de quererem explicar o mundo e o mental nele apenas com base em análises científicas.

O desafio para as posições físico-funcionais continua sendo que as pessoas experimentam e se entendem de maneira diferente. O ponto chave da dignidade humana está em o ser humano a possuir independente e acima de seu funcionamento; 'funções causais', como descobertas físicas ou outras descobertas científicas a seu respeito, não desempenham nenhum ou pelo menos nenhum papel essencial em sua determinação. Portanto, a dignidade humana não pode ser sustentada através de uma verificação fisicalista funcional do mundo, como se pretende fazer hoje.

A determinação puramente física-funcional do ser humano tem, assim, um impacto em nossa autocompreensão. Se as pessoas negarem o livre-arbítrio, numerosos conceitos sociais teriam que ser reexaminados, como o de culpa e responsabilidade, assim como a moralidade em geral. Mas o problema é ainda mais profundo. O filósofo americano Daniel Dennett argumenta que o conceito de "significado" não se manteria quando, digamos, um bebê se volta para sua mãe. Porque então, ele afirma, o bebê não o faz porque sua mãe significa algo para ele, mas só funcionalmente, porque está com fome.[27] Bernulf Kanitscheider aplica esse modo de pensar à busca humana de significado. Se não existe 'significado', então também não existe significado no sentido religioso.[28] A busca por sentido seria uma iniciativa vazia, como ele explica em seu

---

26 ROTH, Gerhard. *Fühlen, Denken, Handeln. Wie das Gehirn unser Verhalten steuert.* Frankfurt: Suhrkamp, 2003, p. 553; PRINZ, Wolfgang. "Der Mensch ist nicht frei. Ein Gespräch". *In*: GEYER, Christian (ed.). *Hirnforschung und Willensfreiheit. Zur Deutung der neuesten Experimente.* Frankfurt: Suhrkamp, 2004, 20-26, p. 22.

27 DENNETT, Daniel. *Spielarten des Geistes.* Trad. VOGEL, von Sebastian. Munique: Goldmann, 2001, p. 122-144.

28 Cf. KANITSCHEIDER, Bernulf. *Entzauberte Welt. Über den Sinn des Lebens in uns selbst. Eine Streitschrift.* Stuttgart: S. Hirzel, 2008.

livro *Mundo Desencantado* (*Entzauberte Welt*, 2008).

3. Da Alma Eterna a um Espírito sem fim?

O resultado das considerações anteriores pode ser assim resumido: de uma compreensão transitória da alma, que supõe sua identidade como passagem do momento atual para uma eternidade no além, passa-se a uma visão reducionista, segundo a qual um 'espírito' se compreende cientificamente por sua funcionalidade. Isso se correlaciona com descrições sociológicas que atestam uma perda das noções clássicas de transcendência nas sociedades da Europa Ocidental.

Para isso, o conceito de transcendência nem precisa ser abandonado. Thomas Luckmann com frequência se refere a um conceito de transcendência para determinar a religiosidade, que não precisa estar ligada a uma vida após a morte. Luckmann pensa a 'transcendência' com base em um conceito funcional de religião não do além, mas a partir da correspondente experiência do mundo interior.[29] Ele, portanto, distingue entre 'grande transcendência', que se refere a uma experiência extraordinária, e 'média transcendência', que se baseia em experiências no trato com outras pessoas, e 'pequena transcendência', em que o indivíduo encontra momentaneamente limites espaciais e temporais.

De acordo com essa lógica, haveria pelo menos uma pequena transcendência no atual culto ao corpo, seja através de tatuagens ou via ascetismo pela cultura do bem-estar. Pode-se até vê-la como paradigmática para o processo de individualização religiosa, pois nela o indivíduo se toma como ponto de partida e meta da elaboração de sentidos. "O culto ao corpo", explica Robert Gugutzer, "representa uma forma social individualizada de religião que cria significado e permite que a identidade

29 Em KNOBLAUCH, Hubert. "Luckmanns Religions- und Transzendenzbegriff". *Op. Cit.*, p. 56-69.

seja criada".[30] A transformação da sociedade não se dá, portanto, com uma negação da religiosidade, mas da substituição da grande transcendência para uma pequena. A busca de sentido não mais decorre necessariamente de um anseio por Deus.

Hubert Knoblauch amplia, assim, o conceito de religiosidade e, além do culto ao corpo, integra também o futebol, a meditação zen e os horóscopos. Ao fazer isso, ele marca uma transformação da religião que toma como base a experiência pessoal. Ele vê, com isso, a religião substituída por um tipo de espiritualidade; isso implica a perda de importância das instituições e, ao mesmo tempo, maior valorização da experiência subjetiva de transcendência.[31]

Com isso se desenha um processo de transformação no nível religioso que vem junto com a perda do conceito de 'alma'. Resulta, como já mencionei no início desta reflexão, uma tendência comum em diminuir a necessidade de uma grande transcendência que envolva a identidade humana para além do tempo. Se agora a preocupação básica no uso do conceito 'alma' for alinhada à grande transcendência, sua afirmação está perfeitamente correta.

Essa necessidade transformada se encaixa no horizonte atual de experiência do indivíduo. Martin Dürnberger toma como base das interpretações religiosas duas experiências contrastantes: por um lado, elas se baseiam em algo permanente que se ficou devendo e que não pode ser sanado de novo no mundo e, por outro lado, algo que não é culpável, e que não pode de novo ser feito mal no mundo.[32] Dürnberger mostra como essas expe-

---

30 GUGUTZER, Robert. "Die Sakralisierung des Profanen. Der Körperkult als individualisierte Sozialform des Religiösen". *In*: BÖTTCHER, Moritz (ed.). *Körper, Sport und Religion. Zur Soziologie religiöser Verkörperungen*. Wiesbaden: Springer, 2012, 285-308, p. 286.

31 Cf. KNOBLAUCH, Hubert. *Op. Cit.*, p. 41.

32 Cf. DÜRNBERGER, Martin. *Die Dynamik religiöser Überzeugungen. Postanalytische Epistemologie und Hermeneutik im Gespräch mit Robert B. Brandom*. Paderborn: Brill, 2017, p. 65.

riências conflitantes são interpretadas de forma significativa na cosmovisão religiosa, também distinguindo entre uma imanência limitada e fragmentada e uma grande transcendência que não pode ser captada.

Estas considerações de Dürnberger podem resumir as várias dinâmicas descritas: o ser humano moderno não mais experimenta no mundo males insolúveis, mas vê desafios a serem resolvidos. Por isso seu conceito de salvação não remete a uma superação do mundo, mas ao progresso a ser realizado pelo próprio ser humano. E assim também, os seres humanos estão cada vez mais voltados para visões que dizem respeito a seu aperfeiçoamento pessoal neste mundo. Isso pode valer para habilidades individuais ou também incluir a imortalidade de todo o ser humano. Desta forma, a ideia de digitalização da mente é uma consequência lógica de evoluções culturais na era moderna. Não se trata mais de um estado de alma eterno e supramundano, mas de uma otimização do mundo pessoal até o infinito do espírito.

4. Complementaridade como caminho de solução

No segundo tópico, argumentei que esse processo pode ser remontado ao fato de que o pensamento científico-funcional passa a ter hegemonia interpretativa. Isso não significa apenas dizer adeus à criação de sentido clássico-religioso, mas conceitos antes centrais e socialmente eficazes estão sendo colocados de lado. Sendo consequentes com o pensamento de que todas as propriedades mentais são comprovadas apenas cientificamente com base em seu papel causal de perfil fisicalista ou reducionista, então o ser humano não pode ser entendido como livre, moral ou criativo. Os conceitos de 'livre-arbítrio', 'criatividade', 'moralidade', 'significado' e 'amor' em sua forma original têm todos um ponto decisivo que resiste à redução, de modo que uma redução implicaria de fato sua dissolução.[33]

---

33 Cf. BECKER, Patrick. *Op. Cit.*

A força argumentativa e a plausibilidade do reducionismo ou fisicalismo se mostram no fato de as ciências naturais estarem se tornando cada vez mais explicativas sem recurso a um princípio espiritual. Não se pode mais honestamente negar que o espírito humano tenha o cérebro como base e se correlacione com ele. Exclui-se então uma independência completa da mente em relação ao cérebro, e não se pode simplesmente negar a importância contributiva das ciências naturais sobre os fenômenos mentais. Todos os conceitos mentais mencionados têm um lado funcional que pode ser determinado com base em funções causais. No entanto, pode-se duvidar que esses conceitos possam ser reduzidos a isso e que o ser humano possa ser compreendido sem um componente espiritual reconhecido.

Assim, o argumento contra o fisicalismo decorre do fato de que as ciências naturais cobrem apenas uma dimensão do mundo e, com isso, estão limitadas a captar a (auto)experiência humana: o ser humano tem um querer (portanto experimenta sua liberdade de arbítrio), sabe a diferença entre o bem e o mal, é criativo, sabe amar e tem senso de religiosidade. Portanto, também não deve ser coincidência que não tenha até agora funcionado a rastreabilidade da psicologia em Física, como consequência de abordagem reducionista, conforme proposto por Patricia e Paul Churchland.[34]

Isso sugere que existe um espírito que não é apenas uma ilusão ineficaz, mas um elemento central do ser humano. Com base no estado atual da discussão, defendo, portanto, uma visão de mundo complementar. Complementaridade significa que dois aspectos diferentes devem ser considerados de modo igual, caso se pretenda interpretar bem um fenômeno, mesmo que estejam em tensão não resolvida um

---

34 Essa discussão se faz em todas as ocasionais introduções à filosofia da mente, como em: BRÜNTRUP, Godehard. *Das Leib-Seele-Problem. Eine Einführung*. Stuttgart: Kohlhammer, 2012, p. 123-132; BECKER, Patrick. *In der Bewusstseinsfalle? Geist und Gehirn in der Diskussion von Theologie, Philosophie und Naturwissenschaften*. Gotinga: Vandenhoeck & Ruprecht, 2009, p. 74-76.

com o outro. No caso de fenômenos humanos, isso significaria que eles têm um lado mental cientificamente descritível como também outro independente.

Nesse ponto deve-se enfatizar que o conceito de 'complementaridade' não rejeita a constatação científica, mas sim sua interpretação redutiva. 'Complementaridade' significa, portanto, que o nível físico e mental cientificamente verificável deve ser igualmente contemplado na descrição do ser humano.

Isso leva então a uma consequência clara ao lidar com a ideia de digitalização da mente: não se pode ignorar o estado do conhecimento científico e as possibilidades técnicas que apresenta. Os efeitos positivos de uma formação técnica do mundo e um maior desenvolvimento das pessoas não devem ser rejeitados *a priori*. Cabe ao ser humano procurar maneiras de explorar e implementar a digitalização da mente. No entanto, as pessoas não seriam justas consigo mesmas se também não se perguntarem sobre outros aspectos de sua constituição mental. No caso da reflexão sobre a digitalização da mente e transferência, duas dimensões em particular me parecem elementares: por um lado, a dimensão moral e, por outro lado, a dimensão criativa de sentido.

No plano moral, deve-se perguntar até que ponto a nova tecnologia é disponibilizada apenas para uma parte (rica) da humanidade e, assim, cria ou reforça uma injustiça entre pessoas e grupos de pessoas, que - como no caso da digitalização - afeta uma opção elementar de vida. É de se temer que a distribuição injusta de possibilidades técnicas represente um dos grandes desafios morais do futuro, como já se percebe com clareza no mundo, pelos acessos a computadores, Internet ou dispositivos médicos em diferentes regiões.

A segunda e ainda mais importante pergunta a ser feita é se isso cria um sentido: a digitalização da mente visa um objetivo significativo? A digitalização da mente ajuda o indivíduo, e a humanidade como um todo, a viver uma vida plena? Desde que haja consciência sobre os limites e, portanto, sobre a contingência do mundo ao lidar com essa questão, desde que sejam vistas as limitações e o valor das perspectivas subjetivas, uma abordagem reducionista unilateral e fixada no progresso técnico deve ser evitada, em favor de se buscar lidar com perspectivas e preocupações sobre a digitalização de modo a que sirva à vida.

O Bezerro de Ouro virtual, relacionalidade e corpo extenso. Perspectivas teológicas sobre o pós e o trans humanismo

Markus Mühling

Tanto na academia quanto no público em geral, os debates sobre o transumanismo e o pós-humanismo têm desfrutado de grande popularidade. Pode-se entender o transumanismo como a tentativa de melhorar os seres humanos por meio de tecnologias genéticas, médicas e digitais (começando pela cirurgia estética) do pós-humanismo, que busca transcender as limitações do ser humano como o conhecemos hoje, buscando produzir seres futuros que não podem mais ser entendidos como humano no sentido comum de hoje. Na verdade, a maioria dos defensores do pós-humanismo também defende o transumanismo, que entendem ser apenas um fenômeno transitório temporário.[1] Isso deve ser levado em conta na avaliação teológica. Se no passado os termos eram associados a futuristas como Ray Kurzweil, nos últimos anos eles atraíram a atenção acadêmica, filosófica, político-econômica, feminista e interdisciplinar, muito da qual se deu graças ao trabalho de Nick Bostrom no *Institute for the Future of Humanity*.[2] No entanto, a distinção entre pós-humanismo e transumanismo

1 Cf. BOSTROM, Nick. "Introduction – The Transhumanist FAQ. A General Introduction". *In*: MERCER, Calvin; MAHER, Derek F. (eds.). *Transhumanism and the Body. The World Religions Speak*. Basingstoke: Palgrave Macmillan, 2014, 1-17, p. 4.

2 Uma boa introdução ao trabalho desenvolvido por Bostrom é oferecida por: KHATCHADOURIAN, Raffi. "The Doomsday Invention. Will Artificial Intelligence Bring Us Utopia or Destruction?" *The New Yorker,* 91/37: 64-79, 2015.

não é realmente significativa, uma vez que ambos não adotam posições uniformes. As visões atribuídas a esses termos são muito heterogêneas para isso. Pode-se dizer antes que se trata de um movimento mais amplo com certas características básicas. 'Pós-humano' e 'transumano' não podem ser termos precisos porque se referem ao futuro.

Esta pode ser uma primeira indicação de que esses termos não representam uma ciência, mas rótulos para vários sentimentos contemporâneos sobre o ser vivente, expectativas, mitos e quase-religiões. Quando se trata de uma avaliação teológica desses movimentos, não se trata de interdisciplinaridade (a ciência da teologia em diálogo com outras ciências), mas de inter-religiosidade - mesmo que a maioria dos pós- e transumanistas resista a isso. Porém, este fato só torna as coisas mais interessantes, pois fica claro que não se trata de algo que o futuro pode trazer, mas porque o assunto afeta principalmente nossa percepção, sentimento e ações presentes.

Embora inicialmente falando de aversões mútuas entre teologia e pós ou transumanistas, tem havido recentemente um crescente diálogo entre estas duas áreas, incluindo a tentativa de projetar antropologias pós ou transumanistas a partir de uma perspectiva cristã.[3]

Não se pretende aqui oferecer uma introdução a esse 'movimento' em si, nem à sua recepção filosófica ou teológica.[4] Mais que isso, vou me concentrar em dois exemplos que se chamam de 'pós' ou 'transumanismo' e que podem dar uma resposta diferenciada à questão de se e, em caso afirmativo, até que ponto a teologia deveria acolher positivamente essas formas de ver o que se está chamando de pós ou transumanismo.

---

3 Cf. por exemplo com diversas avaliações: WATERS, Brent. *From Human to Posthuman. Christian Theology and Technology in a Postmodern World*. Farnham: Routledge, 2016; KULL, Anne. "Cyborg Embodiment and the Incarnation". *Currents in Theology and Mission,* 28: 279-284, 2001; THWEATT-BATES, Jeanine. *Cyborg Selves. A Theological Anthropology of the Posthuman*. Farnham: Routledge, 2013; PETERS, Ted. *Anticipating Omega. Science, Faith and our Ultimate Future*. Gotinga: Vandenhoeck & Ruprecht, 2006.

4 Mais direcionados a isto são os outros capítulos deste livro e as referências na última nota de rodapé.

Neste sentido mostrarei (1) a abordagem de Nick Bostrom, ampliada pela de Kurzweil e outros, e (2) o realismo agente de Karen Barad, que ela mesma descreve como "pós-humano". No final (3), veremos rapidamente o tema do aprimoramento humano (*enhancement*).

1. A 'quase-religião' de Bostrom e Kurzweil

Bostrom distingue entre quatro possíveis cursos futuros da humanidade: em uma visão de longo prazo, a 'recaída que retorna' não é propriamente uma possibilidade, mas leva a um entre outros resultados. Atingir um 'estado de nivelamento' que seja estável também não é uma possibilidade permanente, pois leva a um de dois outros resultados. Estes são, então, ou extinção da humanidade ou pós-humanidade. Embora Bostrom veja a possibilidade de extinção como um perigo real para a humanidade, ele acha mais provável o resultado de pós-humanidade.[5] A condição pós-humana é alcançada quando uma das seguintes características for atingida: a população mundial excede um trilhão de pessoas, a expectativa de vida aumenta para mais de 500 anos, uma população significante tem capacidade cognitiva significativamente maior do que hoje, há controle quase total sobre a percepção sensorial das pessoas, o sofrimento psicológico desapareceu; ou ainda existem condições desconhecidas que continuam afetando significativamente o desenvolvimento humano tanto quanto os fatores já mencionados.[6] Os meios para se alcançar a condição pós-humana são variáveis e incluem engenharia genética e aprimoramento tecnológico, mas Bostrom está mais intrigado com o advento da superinteligência[7] e com a capacidade de carregar digitalmente pessoas na

5 Cf. BOSTROM, Nick. "The Future of Humanity". *In*: OLSEN, Jan-Kyrre Berg; SELINGER, Evan; RIIS, Søren (eds.). *New Waves in Philosophy of Technology*. Nova Iorque: Palgrave MacMillan, 2009, p. 1-29.

6 *Ibidem*, p. 20.

7 Cf. BOSTROM, Nick. "Introduction". *Op. Cit.*, p. 7.

Internet.[8] Isso se aproxima da expectativa de Kurzweil de que esse tipo de superinteligência, chamada de "singularidade" (*singularity*), aparecerá nos próximos anos e representará a última invenção da humanidade que conhecemos.[9] Enquanto Kurzweil espera, com otimismo, que essas máquinas superinteligentes irão satisfazer todas as necessidades dos antigos humanos, dando-lhes a possibilidade de vida em qualquer 'realidade' que as pessoas possam desejar,[10] Bostrom está bem mais consciente dos perigos com o surgimento da superinteligência.[11] Para ele, vai desaparecer a morte, ou apenas algo desaparece, conforme escolha pessoal, individual.[12] Por isso, é incorreto dizer que os pós-humanistas negam o direito humano à finitude – eles "apenas" a individualizam. Além disso, pode-se perceber que a visão de Kurzweil em particular pode ser tomada como um caso típico de milenarismo se com isso se entende uma visão da ordem presente, passada e futura da História.[13] Ao contrário do que comumente se supõe, o pensamento milenarista de forma alguma se refere ao pré-moderno, mas ao moderno.[14]

Diferente de Kurzweil, Bostrom também está menos interessado no futuro imediato e mais voltado para o futuro distante. Ele vê a cultura pós-humana em seu futuro final espalhada por todo o universo por meio da transformação de toda a matéria em consciência de ser pós-humana.[15] Isso se assemelha à visão de Kurzweil sobre a transformação de todo o

---

8 *Ibidem*, p. 9-11.

9 BOSTROM, Nick. "The Future of Humanity". *Op. Cit.*, p. 23; e KURZWEIL, Ray. *The Singularity is Near. When Humans Transcend Biology*. Nova Iorque: Penguin, 2005.

10 Cf. KURZWEIL, Ray. *Op. Cit.*, p. 28-29.

11 Cf. BOSTROM, Nick. *Superintelligence. Paths, Dangers, Strategies*. Oxford: OUP Oxford, 2014.

12 BOSTROM, Nick. "Introduction". *Op. Cit.*, p. 14-15.

13 KURZWEIL, Ray. *Op. Cit.*, p. 14-24.

14 Cf. MÜHLING, Markus. *The T&T Clark Handbook of Christian Eschatology*. Nova Iorque: T&T Clark, 2015, p. 223-250.

15 BOSTROM, Nick. "The Future of Humanity". *Op. Cit.*, p. 25.

universo[16] e à ideia de Frank Tipler sobre a evolução do ponto ômega. No entender dele, a evolução humana leva ao advento de algo divino e onipotente que rege o curso do tempo porque disponibiliza informações infinitas que estão disponíveis até a última fração de segundo do universo, de modo que então pode causar retroativamente a criação do Universo.[17]

Claro, muitas objeções foram levantadas contra detalhes dessas visões. Ted Peters apontou que alguns pós-humanistas são dualistas cartesianos, enquanto outros são materialistas monistas.[18] Peters argumenta que a ideia de digitalização da mente não leva a sério os problemas da identidade que não pode ser simplesmente copiada.[19] Mais ainda, despreza a corporeidade fundamental da personalidade, da identidade e da vida.[20] Mas o que é realmente interessante são menos os detalhes dessas objeções do que a maneira como os pós-humanistas reagem. Contrapondo-se à objeção de que a inteligência e a personalidade precisam estar inseridas no ambiente, Kurzweil argumenta que haverá uma realidade virtual que transformará a realidade 'natural'. Em outras palavras: para Kurzweil, os meios pelos quais o estado pós-humano pode ser alcançado são completamente intercambiáveis e arbitrários. Importa apenas este último estado pós-humano. O que não varia neste pensamento é, primeiro, que o estado pós-humano é alcançável através da lógica da inversão,[21] através de meios técnicos, que pressupõem que todas as leis e mecanismos do

---

16 KURZWEIL, Ray. *Singularity is Near. Op. Cit.*, p. 29.

17 Cf. TIPLER, Frank J. *The Physics of Immortality. Modern Cosmology, God and the Resurrection of the Dead.* Nova Iorque: Anchor, 1994, p. 214-215.

18 PETERS, Ted. *Anticipating Omega. Op. Cit.*, p. 130-131.

19 Identidade qualitativa e identidade numérica não são de forma alguma a mesma coisa. Embora possa ser produzido de modo qualitativamente idêntico, em linhas de princípio por razões lógico-semânticas, isso é impossível no caso de identidade numérica. Cf. MÜHLING, Markus. *Post-Systematische Theologie.* Leiden: Brill, 2020, v. 1, p. 418-423.

20 PETERS, Ted. *Anticipating Omega. Op. Cit.*, p, 125.

21 Sobre lógica da inversão, cf. MÜHLING, Markus. *Post-Systematische Theologie. Op. Cit.*, p. 141-142 e 154.

universo estejam dominados, ficando sob o controle dos pós-humanos; e, segundo, que o estado final é capaz de cumprir de forma coerente os desejos dos humanos remanescentes e dos pós-humanos.[22]

Do ponto de vista cristão destas perspectivas de encaminhamento,[23] são precisamente essas duas perigosas características que merecem explicação:

1.1 Para uma crítica à lógica da inversão técnica do pós-humanismo

Para entender o mundo como um mecanismo racional e fechado, é preciso entender o mundo e tudo o que ele contém como fatos disponíveis, e não como presentes que exigem gratidão. Além disso, deve-se entender as leis da natureza descobertas ou ainda não descobertas e a lógica relacionada a elas como fechadas ou completas. Mas isso é exatamente o que não é possível. O filósofo Anton Koch fala da antinomia da razão, que mais cedo ou mais tarde aparece em todo sistema discursivo que emprega o recurso da negação. Daí, em todo sistema suficientemente rico existem proposições que não se resolvem. Quanto mais se quiser tecnologizar a razão, mais cedo aparecerá a antinomia.[24] Segue-se que existe uma contingência real no mundo que não pode ser calculada, mesmo de forma probabilística como na teoria quântica. Se isso for verdade, sempre aparecerão eventos completamente indeterminados que são realmente surpreendentes porque só podem ser reconhecidos como surpresa retrospectivamente. Aqui as objeções filosóficas encontram uma teológica de perfil cristão: a visão cristã sobre o desfecho deste mundo

---

22 KURZWEIL, Ray. *Op. Cit.*, p. 30-33.

23 Sobre o conceito de perspectivas como caminhos, em contraposição a "pontos de vista" fixos, cf. MÜHLING, Markus. *Post-Systematische Theologie. Op. Cit.*, p. 61. Em poucas palavras, uma perspectiva de caminhos é sempre dinâmica, enquanto um ponto de vista estático é sempre uma abstração derivada deles.

24 KOCH, Anton F. *Wahrheit, Zeit und Freiheit. Einführung in eine philosophische Theorie.* Paderborn: Brill, 2006, p. 79-97.

(escatologia) não trata de futuros calculáveis de extrapolações, não trata de surpresas que se poderiam prever, mas de formas de surpresa absolutamente retrospectivas que - reveladas pelo Espírito em Cristo - podem se tornar surpresas relativamente retrospectivas.

Como tratei em outro texto[25] com mais detalhes, alguns eventos são absolutamente surpreendentes. São eventos bem além de nossa expectativa. Trata-se de eventos que só podem ser identificados como uma surpresa depois de terem acontecido. Outras coisas, ao contrário, são surpreendentes apenas de maneira relativa, retrospectiva: quando esperamos que certos eventos futuros sejam surpreendentes, sem termos a mínima ideia sobre que surpresa será. Bons presentes de aniversário pertencem a este tipo de evento: espero um evento futuro do tipo nada surpreendente, por exemplo, meu próximo aniversário. Também espero receber presentes e me surpreender com eles. Mas não faço ideia de como.

São precisamente essas surpresas relativamente retrospectivas que são importantes em uma compreensão cristã da ressurreição, mas também em nossa experiência cotidiana e nossa educação pessoal.[26] Esses dois tipos de surpresa estão completamente ausentes no pensamento de pós-humanistas. Então é de se perguntar: realmente esperam tão pouco? Suas fantasias e esperanças são realmente tão limitadas?

Nessa linha, pós-humanistas usam a razão técnica, que nega o caráter da realidade como um devir. Em vez disso, os processos da realidade são entendidos de uma forma que o antropólogo Tim Ingold chama de "transporte": no transporte, os objetivos e os objetivos intermediários são importantes, enquanto os meios ou linhas entre eles não forem importantes. Um transporte ideal de A para B acontece com velocidade infinita. Nos transportes, os objetivos são primordiais e, em última análise, não existem rotas, linhas ou processos que sejam fins em si mesmos. Todo

25 MÜHLING, Markus. *Post-Systematische Theologie. Op. Cit.*, p. 329.

26 *Idem*, *Handbook of Christian Eschatology. Op. Cit.*, p. 32-38; 56-60; 276-301.

devir e toda dinâmica são apenas aparentes. O transporte é acompanhado pela atitude de intencionalidade.[27] Por isso Ingold entende a atitude de que todas as metas são escolhidas pelos sujeitos de modo voluntário.

Não são conquistadas ao longo do caminho, mas antes de se estar a caminho. Toda percepção ao longo do caminho só pode ser entendida como suporte para esses objetivos ou como inibição de objetivos. Existe relacionalidade no transporte, contudo, esta não é uma relacionalidade interna, mas apenas externa[28] de uma rede, isto é, relação anterior ou pontos que estão secundariamente conectados. E essa visão pobre é exatamente o que os pós-humanistas esperam no futuro do amor. Pois Kurzweil chama de amor a união de duas máquinas em uma, e nova divisão em duas, e nova união e divisão e assim por diante.[29] Com isso, ele designa a redução de duas pessoas que se relacionam em uma como amor. Mas ao serem reduzidas a uma, desaparece nesta qualquer alteridade. Por outro lado, deve-se enfatizar que o amor requer pelo menos duas pessoas que se relacionam, e que são irredutíveis porque, no curso de sua relação amorosa narrativa, a particularidade própria e a alteridade do outro aparecem de modo relacional.[30] Então, toda redução de relação de dois para um representa o fim do amor.

Que o mundo, no passado, presente ou futuro, deva ser pensado de modo intencional como uma rede de transportes digitais é algo que se baseia numa inversão da percepção da realidade. Ingold chama de

---

27 Cf. INGOLD, Tim. *The Life of Lines.* Londres: Routledge, 2015, p. 132-133.

28 *Idem, Lines. A Brief History.* London: Routledge, 2007, p. 77-79; *Idem, Life of Lines. Op. Cit.*, p. 70.

29 KURZWEIL, Ray. *Op. Cit.*, p. 26. "Machines can pool their resources, intelligence, and memories. Two machines — or one million machines — can join together to become one and then become separate again. Multiple machines can do both at the same time: become one and separate simultaneously. Humans call this falling in love, but our biological ability to do this is fleeting and unreliable."

30 Cf. MÜHLING, Markus. *Gott ist Liebe.* Marburg: N. G. Elwert, 2005, p. 286-293.

melhor alternativa de viajar (*wayfaring*):[31] aqui os caminhos ou linhas são anteriores aos objetivos. Não há final definitivo. Aliás, isso se encaixa perfeitamente na concepção cristã da realidade escatológica, que não deve ser entendida como um final do devir, mas como um devir que se realiza no Deus trino sem ambiguidade. As linhas ou processos ou relações são constitutivas das relações ou pontos emergentes, que devem ser entendidos como nós de linhas curvas. A relacionalidade que torna o viajar possível é uma forma interna e constitutiva de relacionalidade, não apenas externa ou apenas aparentemente interna. Essas relações não formam uma rede, mas uma teia[32] de linhas. As pessoas não são 'seres' ou pontos, mas 'devir' ou linhas entrelaçadas nas quais o devir do outro é constitutivo do devir do si mesmo. Ingold chama isso de amor[33] e se refere à compreensão cristã do amor, pois é baseado na Trindade e em sua pericorese – ou seja, o entrelaçamento essencial das pessoas divinas Pai, Filho e Espírito.[34] A atitude em relação ao mundo também não é de intencionalidade, mas de atenção:[35] a atenção pode ser entendida como uma virtude que rejeita tanto a intencionalidade quanto o ser conduzido sem rumo. A atitude de estar atento significa conquistar seus objetivos por meio de percepções ao longo do caminho, sendo educado pelo outro. Todos os objetivos obtidos por meio da atenção só podem ser temporários porque estão sendo constantemente revisados por novas percepções que surgem ao longo do caminho. O termo cristão para essa atenção é dedicação.[36]

---

31 INGOLD, Tim. *Lines. Op. Cit.*, p. 24-77.

32 *Ibidem*, p. 80

33 *Idem, Life of Lines. Op. Cit.*, p. 130-131.

34 *Ibidem*, p. 147.

35 *Ibidem*, p. 133 e 156.

36 MÜHLING, Markus. *Handbook of Christian Eschatology. Op. Cit.*, p. 71; *Idem, Resonances. Neurobiology, Evolution and Theology. Evolutionary Niche Construction, the Ecological Brain and Relational-Narrative Theology.* Gotinga: Vandenhoeck & Ruprecht, 2014, p. 189.

Se houver apenas um exemplo de viagem - ou seja, para que haja tecido de linhas e dedicação no mundo –, o pós-humanismo seria invalidado, apesar de suas reivindicações normativas, porque constrói sua normatividade na afirmação de que o mundo e os seres humanos podem ser suficientemente explicados de modo redutivo em estruturas de transporte. Em teologia cristã, isso teria que ser entendido no âmbito da doutrina do pecado. O pecado afeta o ser humano por inteiro, incluindo a razão e a racionalidade criadas. Consequentemente, todas as formas concebíveis de lógica imanente, razão, mecanismo ou tecnologia participam dessa falência, o pecado, e precisam de redenção e conclusão. Isso significa que os entendimentos de razão, lógica e tecnologia que não levam isso em consideração, como todas as tentativas de reduzir o deslocamento ao transporte, ou todas as tentativas de banir a antinomia da razão por meio de sistemas formais, por sua vez, são expressões tresloucadas do pecado. Porque o pecado consiste principalmente em uma percepção insana da estrutura de relacionamento criada, de modo que tal erro pode ser definitivamente uma expressão de pecado. O modo moralista comum de se entender o pecado é um estreitamento inadmissível dele.

1.2 Para uma crítica dos desejos pós-humanos ou humanos como padrão do bem

Pós-humanistas não apenas agem no transporte intencional, mas também tratam seus desejos e os dos pós-humanos voluntariamente como o mais alto padrão e código do bem. Salvo algumas exceções na história da teologia, a teologia cristã sempre foi sábia ao adotar uma compreensão voluntarista de Deus, isto é, rejeitar a ideia de que a vontade de Deus seja a base do bem e, em vez disso, sustentar a visão de que o divino e o bom são um conjunto originário. Teologicamente, pode-se também ver a raiz da alienação humana na contínua tendência de insistir nos próprios desejos individuais e na racionalidade como o padrão ou código do bem e do mal. A tentação da serpente em Gênesis 3:5 – "comer o fruto da árvore da ciência (conhecimento) do bem e do mal" – não é propriamente para obter ciência, como muitas vezes equivocadamente se interpreta. No original hebraico do texto bíblico *yadah* não significa apenas conhecimento cognitivo, ou ciência, mas também ter a relação sexual, gerar, dar à luz etc. Entendida teologicamente, a tentação da serpente significa: vocês serão como Deus para criarem a distinção entre o bem e o mal (em outras palavras, decidirem o que é bom ou mau). Obviamente, os pós-humanistas sucumbem a essa tentação. E, curiosamente, isso leva a contradições irônicas.

Afirma-se uma autonomia desvairada, isto é, uma autonomia na qual os próprios desejos são o padrão do bem e do mal,[37] mas os sonhos limitados só levam a uma submissão ao domínio da superinteligência - e, assim, acabam exatamente negando a autonomia. Pois uma autonomia 'bruta', isto é, seguir os respectivos desejos mais ou menos aleatórios, significa uma dependência dos emaranhados na vida através da afetividade. Agora, querer promover isso como padrão do bem é algo fora de propósito, pois pelas contradições que inevitavelmente ocorrem nem se pode oferecer um padrão real de bom e mau, nem autonomia. Confia-se então a uma superinteligência na realização desses desejos, mas isso traz inevitavelmente o problema de se ter que equilibrar os desejos contraditórios das muitas autonomias 'desvairadas', o que só seria possível se a superinteligência de fato escolhesse seu próprio objetivo.

Conclusão provisória: os tipos de pós-humanismo discutidos até agora são de perfil cognitivista, individualista, intencionalista, voluntarista e estático. Levam a depositar as esperanças como que em um 'bezerro de ouro', como no relato bíblico. Mas enquanto o bezerro de ouro por quarenta anos impediu os israelitas de alcançarem a Terra Prometida, esse

37 Chamo de autonomia 'desvairada' porque essa noção corriqueira do que é 'autonomia' é, na verdade, uma perversão do filósofo da autonomia Immanuel Kant. Segundo Kant, a autonomia não consiste em seguir os próprios desejos, mas em seguir o imperativo categórico.

pós-humanismo ironicamente lança esperanças em um bezerro de ouro digital como ilusão perpétua (ou pelo menos em 500 a 1000 anos de vida).

2. Ontologia relacional de Karen Barad

No entanto, seria injusto desconhecer os que usam o termo pós-humanismo em um modo positivo como o fazem Bostrom e Kurzweil. A filósofa Karen Barad chama seu realismo agencial de "pós-humanista", e vamos agora examinar o que isso significa. Ela segue o feminismo de Donna Haraway e ao mesmo tempo o critica. Haraway[38] projetou um feminismo não essencialista em contraposição ao feminismo essencialista. Enquanto o essencialista vê as mulheres como superiores, às vezes usando o símbolo da deusa para isso, Haraway considera esse viés como uma inversão do antigo pensamento patriarcal. Ela vê, nas fronteiras dualistas, três hiatos agindo na sociedade contemporânea: a fronteira entre humano e animal, a que dá entre organismo e máquina, e a que se põe entre o físico e o não-físico. O símbolo unificador para superar o hiato dessas fronteiras não é a deusa, mas o ciborgue, porque o ciborgue é uma mistura de organismo e máquina. Por isso, sua abordagem é às vezes chamada de feminismo ciborgue.[39] A ideia básica subjacente é que não há classes naturais, mas que a distinção conceitual de classes é construída por meio de múltiplas relações interativas, pessoais e impessoais, embora não de uma vez por todas. Assim, à primeira vista, parece que o realismo natural de feministas essencialistas e o construtivismo de feministas ciborgues são contraditórios.

Barad reconhece que tanto as tendências realistas ingênuas quanto as construtivistas incidem no mesmo equívoco, ou seja, o equívoco do representacionismo:

---

38 Cf. HARAWAY, Donna J. *Simians, Cyborgs, and Women. The Reinvention of Nature.* London: Routledge, 1991; e principalmente o primeiro capítulo que é uma reimpressão de seu artigo "A Cyborg Manifesto", de 1985.

39 THWEATT-BATES, Jeanine. *Op. Cit.*, p. 74.

> A ideia de que os seres existem como indivíduos com atributos inerentes, anteriores à sua representação, é um pressuposto metafísico que fundamenta a crença em formas políticas, linguísticas e epistemológicas de representacionismo. Ou, para colocar a questão de outra forma, ele é a crença na distinção ontológica entre as representações e aquilo que elas pretendem representar; em particular, aquilo que é representado é considerado independente de todas as práticas de representação. Isto é, supõe-se que existem dois tipos distintos e independentes de entidades – representações e entidades a serem representadas.[40]

Tanto o essencialismo, ou realismo ingênuo, quanto o construtivismo são hoje instâncias do representacionismo, ou seja, a ideia de que o conhecimento científico representa as coisas no mundo como elas realmente são (a natureza), ou os objetos que são produtos da atividade social (a cultura), e assim ambos se juntam no representacionismo.[41] Barad adota em parte o pensamento de Haraway, Merleau-Ponty, Foucault e outros, mas principalmente de Niels Bohr, ao esboçar o realismo ativo como alternativa ao representacionismo. É uma noção de que as relações são anteriores aos relacionamentos, que a performance é anterior aos performadores e que os eventos ou fenômenos são anteriores aos objetos, e na verdade de modo ontológico. A matéria não é composta de átomos, mas de performatividade - ou seja, de eventos que se reconfiguram em constante interação, de modo a produzir a base para as diferenças temporais das relações:

> Na minha elaboração realista agencial, os fenômenos não apenas marcam a inseparabilidade epistemológica entre 'observador' e 'observado'; em vez disso, os fenômenos são a inseparabilidade ontológica de "componentes" agencialmente

---

40 BARAD, Karen. "Posthumanist Performativity. Toward an Understanding of How Matter Comes to Matter". *Signs. Journal of Woman in Culture and Society,* 28: 801-831, 2003, p. 804. "The idea that beings exist as individuals with inherent attributes, anterior to their representation, is a metaphysical presupposition that underlies the belief in political, linguistic, and epistemological forms of representationalism. Or, to put the point the other way around, representationalism is the belief in the ontological distinction between representations and that which they purport to represent; in particular, that which is represented is held to be independent of all practices of representing. That is, there are assumed to be two distinct and independent kinds of entities - representations and entities to be represented."

41 *Ibidem*, p. 806.

> intra-atuantes. Ou seja, os fenômenos são relações ontologicamente primitivas – relações sem relacionalidades preexistentes. A noção de intra-ação (em contraste com a usual 'interação', que pressupõe a existência prévia de entidades/relacionalidades independentes) representa uma profunda mudança conceitual. É por meio de intra-ações específicas de agentes que os limites e as propriedades dos "componentes" dos fenômenos se tornam determinados e que os conceitos corporificados particulares se tornam significativos. Uma intra-ação específica representa um corte agencial (em contraste com o corte cartesiano) – uma distinção inerente – entre sujeito e objeto, efetuando uma separação entre 'sujeito' e 'objeto'. Ou seja, o corte agencial representa uma resolução local dentro do fenômeno da indeterminação ontológica inerente. Em outras palavras, relacionalidades não preexistem às relações; em vez disso, relacionalidades-dentro-dos-fenômenos emergem por meio de intra-ações específicas. Então decisivamente as intra-ações decretam a separabilidade agencial – a condição local da exterioridade-dentro-dos-fenômenos.[42]

Por que Barad chama esse tipo de ontologia relacional de 'pós-humana'? A resposta é:

> Proponho uma noção especificamente pós-humanista de performatividade – que incorpora importantes fatores materiais e discursivos, sociais e científicos, humanos e não humanos, naturais e culturais. Uma explicação pós-humanista questiona a existência das categorias diferenciais de 'humano' e 'não-humano', examinando as práticas através das quais essas fronteiras diferenciais são estabilizadas e desestabilizadas.[43]

É óbvio que tanto o ciborguismo de Haraway quanto o pós-humanismo de Barad nada têm em comum com o pós-humanismo que conhecemos a partir do exemplo de Bostrom e Kurzweil. Enquanto

---

42 *Ibidem*, p. 815; um esclarecimento introdutório se encontra em: BARAD, Karen. "Agential Realism. How Material-Discursive Practices Matter". *Signs. Journal of Woman in Culture and Society*, 28: 803-831, 2003; ver também sua coletânea de ensaios em: BARAD, Karen. *Meeting the Universe Halfway*. Durham: Combined Academic Publishers, 2007.

43 *Ibidem*, p. 808. "I propose a specifically posthumanist notion of performativity — one that incorporates important material and discursive, social and scientific, human and nonhuman, and natural and cultural factors. A post-humanist account calls into question the givenness of the differential categories of 'human' and 'nonhuman', examining the practices through which these differential boundaries are stabilized and destabilized."

a segunda é uma quase-religião que pretende ser uma ciência sobre o futuro, a primeira é uma teoria da ciência e uma proposta para projetar uma ontologia relacional.

No entanto, a proposta de Barad por uma ontologia relacional é tudo menos nova: ela se encaixa com as percepções atuais da teoria da mente estendida,[44] com conceituações enativistas do cérebro não como um órgão de representação, mas como um órgão de relacionamento,[45] com a teoria socioantropológica das pessoas como nascendo em um mundo sem objetos[46] e as teorias mais recentes da evolução que contestam a distinção genótipo/fenótipo, como por exemplo a teoria da construção de nicho.[47]

Mais importante ainda é que Barad compartilha percepções originalmente extraídas da teologia cristã e de sua ontologia relacional, particularmente a noção de uma relacionalidade interna tanto do Deus uno e trino quanto da criação. Suas ideias se encaixam na unidade pericorética do Deus Trinitário, na unidade pericorética da Pessoa de Cristo,[48] e na unidade pericorética oculta, mas real, da diversidade no amor criado. A

44 CLARK, Andy; CHALMERS, David J. "The Extended Mind". *Analysis,* 58: 10-23, 1998; CLARK, Andy. *Supersizing the Mind. Embodiment, Action and Cognitive Extension.* Oxford: Oxford University Press, 2011.

45 Cf. FUCHS, Thomas. *Das Gehirn – ein Beziehungsorgan. Eine phänomenologisch-ökologische Konzeption.* Stuttgart: W. Kohlhammer, 2013; "Und meine kritische Auswertung". *In*: MÜHLING, Markus. *Resonances. Op. Cit.*, p. 36-83.

46 INGOLD, Tim. *Life of Lines. Op. Cit.*, p. 13-17.

47 ODLING-SMEE, F. John; LALAND, Kevin N.; FELDMAN, Marcus W. *Niche Construction. The Neglected Process in Evolution (Monographs in Population Biology 37).* Princeton: Princeton University Press, 2003; LALAND, Kevin N. *et al.* "Does Evolutionary Theory Need a Rethink?". *Nature,* 514: 161-164, 2014; FUENTES, Agustín. "A New Synthesis. Resituating Approaches to the Evolution of Human Behaviour". *Anthropology Today,* 25: 12-17, 2009; WYCZALKOWSKI, Matthew A.; MACKINNON, Katherine C. "Niche Construction through Cooperation. A Nonlinear Dynamics Contribution to Modeling Facets of the Evolutionary History in the Genus Homo". *Current Anthropology,* 51: 435-444, 2010. Ver "Dazu meine kritische Einschätzung." *In*: MÜHLING, Markus. *Resonances. Op. Cit.*, p. 137-165.

48 Para uma discussão histórica e sistemática sobre o sentido de pericorese na doutrina trinitária e cristológica, cf. MÜHLING, Markus. *Liebesgeschichte Gott. Systematische Theologie im Konzept.* Gotinga: Vandenhoeck & Ruprecht, 2013, p. 100-122.

pericorese designa uma unidade dinâmica igualmente original de um movimento recíproco, como uma dança de roda, na qual os dançarinos existentes não entram, mas apenas emergem da dança.[49] Barad não usa apenas a palavra da moda 'pós-humanismo' positivamente, mas também os termos do naturalismo e materialismo,[50] que poderiam gerar aversões inúteis por parte da teologia. No entanto, é preciso aqui tomar cuidado. Se alguém aprecia o desenvolvimento da teologia mais recente com seu afastamento de um ponto de vista substancialista voltando para uma ontologia relacional, do dualismo cartesiano para o monismo hebraico da corporeidade viva e outros desenvolvimentos, não deveria ver também um aliado na ontologia relacional de Barad – mesmo que ela erroneamente se rotule em seu conjunto como pós-humanismo?

3. Aperfeiçoamento Humano ou Corporeidade Extensa?

Não é suficiente avaliar a religião substituta "bezerro de ouro" de Bostrom e Kurzweil ou as propostas filosóficas de Barad a partir de uma perspectiva cristã. É preciso discutir também alguns fenômenos inegáveis do presente que aparecem com o nome de aprimoramento humano, que vão de óculos, dentaduras, cirurgias estéticas, marca-passos cardíacos a neuro-implantes e modificações genéticas e intervenções germinativas[51] etc. Exemplos semelhantes estão entre os apresentados por defensores de um bezerro de ouro virtual pós-humanista e por ontologias relacionais que se autodenominam 'pós-humanistas' na medida em que apresentam alternativas para a ação humana contemporânea, comunitária e pessoal, e que por isso devem ser escolhas de cunho ético. Como lidar com tais

49 Uma elucidante aplicação do sentido de pericorese ao mundo, criado como 'pericorese dupla', pode-se ver em: HENRIKSEN, Jan-Olav. *Life, Love and Hope. God and Human Experience*. Grand Rapids: Eerdmans, 2014, p. 334-352.

50 BARAD, Karen. "Posthumanist Performativity." *Op. Cit.*, p. 803.

51 Para uma avaliação teológica sobre tecnologia genética, cf. SONG, Robert. *Human Genetics. Fabricating the Future.* Cleveland: Pilgrim Pr, 2002.

escolhas? É impossível dar uma resposta completa neste momento. Mas pelo menos algumas dicas podem ser mencionadas:

(1) Esses fenômenos não precisam ser tratados necessariamente em uma perspectiva pós ou transumanista. Ao colocá-los em tal contexto, adota-se uma perspectiva de orientação ética e, portanto, uma quase-religião.

(2) É preciso manter os diferentes fenômenos separados se quisermos encontrar respostas éticas. Colocá-los todos em um conjunto viola a prática do bom discernimento ético, que deve partir de problemas concretos de ação.

(3) Também na ética não há meta-perspectiva universal, nem perspectiva de Deus ou perspectiva do aqui e agora. As pessoas, enquanto seres que se fazem, estão sempre entrelaçadas umas com as outras que também estão se fazendo, cada qual através de suas perspectivas particulares de direcionamento, como por exemplo perspectivas religiosas clássicas, como a da fé cristã. Então, é importante explicitar a 'ontologia moral'[52] pessoal ou perspectivas de direcionamento de vida das pessoas ao se fazerem discursos éticos públicos sobre esses fenômenos. Escondê-las atrás de slogans aparentemente tolerantes como 'religião é um assunto privado' contamina a argumentação pois essa estratégia abre as comportas para a manipulação ética na grande mídia.

(4) Embora muitas das tecnologias que acompanham e possibilitam esses fenômenos possam ser relativamente novas, todas elas têm algo em comum: não são fenômenos de expansão do corpo humano em sentido estrito. Essa impressão pode surgir de uma má compreensão do corpo humano como uma entidade fechada, como uma bolha. Mas não é isso que a percepção fenomênica nos mostra: o ser humano não tem um cadáver, um material, ele é um corpo vivo. Como tal, é dinâmico e relacional sem fronteiras nítidas: o cego não sente a resistência na mão, mas

52 Sobre esta expressão, cf. TAYLOR, Charles. *Quellen des Selbst. Die Entstehung der neuzeitlichen Identität.* Frankfurt: Suhrkamp, 2005, p. 25-27.

na ponta da bengala. Motociclistas experientes não sentem a estrada nas mãos, mas sim nos pneus. O chef incorpora a faca à sua estrutura corporal ao picar legumes, mas ela ressurge e se torna perigosa quando ele se envolve em outras atividades, como conversar com os convidados. O som da flauta tem origem na flauta, boca, lábios, língua, palato e diafragma. Só consigo desenvolver certos argumentos teológicos em conversa com colegas, outros apenas digitando no computador. E só posso confiar no Deus uno e trino na medida em que experimento a Palavra viva de Deus comunicada por irmãs e irmãos que externam seu valor.[53] O que se percebe desse externar a Palavra é que na variedade de nossos corpos, o corpo é sempre dinâmico, expansivo, pulsante. Essas observações se encaixam bem na antropologia cristã. Portanto, o problema não pode ser se expandimos nossos corpos por meios técnicos, porque os corpos humanos sempre foram expandidos e estendidos.

(5) Como sempre já estamos expandidos, como nossos corpos sempre se expandem e se reduzem de variadas maneiras, o verdadeiro problema é com que meios avaliar e quais meios de expansão escolher. Do ponto de vista cristão, é fundamental escolher meios de expansão que sejam coerentes com o devir humano constituído por um amor intercomunicativo (pericorético). O mesmo vale em termos da antropologia social: é decisivo escolher nossas expansões de modo direcional, isto é, primeiramente por escolha de destinos e não por transportes. Nossos corpos são meios das pessoas que somos, uma vez que uma pessoa é um devir particular que vem de um e para o outro.[54] As pessoas que somos são inseparáveis do corpo, pois somos nossos corpos. Se escolhermos extensões de acordo com a lógica invertida, visando primeiro o transporte

53 Para uma introdução a este interessante conceito, cf. MÜHLING, Markus. *Post-Systematische Theologie I*. *Op. Cit.*, p. 39-68.

54 Sobre esse conceito de pessoa, além de Tim Ingold, pode ser útil considerar teólogos do século XII, como R. de S. Vítor. Ver *Idem, Resonances. Op. Cit.*, p. 174, 184-186; *Idem, Handbook of Christian Eschatology. Op. Cit.*, p. 206.

– isto é, apenas por meio da lógica econômica e manipuladora da escolha racional –, transformamos nosso devir pessoal em um meio sem finalidade. E isso significaria nos privar da possibilidade de amar. Estaríamos então querendo nos despersonalizar.

(6) Se nossas selecionadas extensões corporais vão ser hoje melhorias ou deteriorações, não depende nem das intenções com que fazemos as escolhas, nem de extrapolações de efeitos colaterais previstos, mas só podem se comprovar pela surpresa, por nosso vir a ser contingente no mundo da vida em que estamos tecidos. Por isso não pode ser a melhor escolha, em vez de braços, implantar facas para cortar melhor os vegetais, se ainda queremos nos abraçar.

(7) Olhando desde um ponto de vista cristão, se dirá com clareza que, por mais que desejemos expandir nossos corpos, a perfeição não está ao alcance de nossa inteligência ou de qualquer superinteligência. Tampouco depende de uma lógica imanente, nem de supostas leis do mundo empírico. Em vez disso, a perfeição é promessa e dádiva que vem pelo Amor, expressão de Deus uno e trino. Desse modo, ela só pode chegar a nós passivamente através da surpresa retrospectiva absoluta. Isso significa que quaisquer perfeições que possamos almejar, agora e no futuro previsível, sempre permanecerão sujeitas ao veredicto final do Amor, expressão do divino. Assim, a perfeição é algo a se esperar no final do processo do vir a ser humano pelo Amor (que a visão cristã define como reinado de Deus); é algo que se dá no final e não antes.[55] Entende-se por esse modo que as melhorias ou extensões do corpo humano se dão ainda em um mundo que precisa ser tomado pelo Amor para chegar à perfeição. A questão importante torna-se então o que motiva alguém a escolher extensões como a digitalização e transferência da mente: esses motivos consistem em relativas melhorias para minimizar o mal no mundo inacabado? Ou são - como nas esperanças pós-humanistas – assumidos com a consciência de serem um

55 *Idem*, *Handbook of Christian Eschatology. Op. Cit.*, p. 325-338.

meio de realizar a perfeição do mundo e a prática do bem? Esta segunda hipótese é claramente inaceitável, devendo ser evitada qualquer escolha de extensões. A razão não é que a quase-religião pós-humanista esteja em competição com a perspectiva cristã de um desfecho final. Mas é que o desfecho (escatologia) pós-humanista não conhece um critério de julgamento com que ao final se possa avaliar ou relativizar o agir cultural no mundo e, assim, protegê-lo das tendências totalitárias.

Renascer digital como um Outro? Do dualismo mente-corpo ao sujeito como produto cultural

Rebekka A. Klein

1. Introdução

A questão das possibilidades e limites da digitalização da mente e da alma humana costuma ser discutida como um problema da área de ciências cognitivas ou de teorias sobre consciência de si mesmo. Esse não é o ponto aqui. Em vez examinar abordagens e métodos de pesquisa desenvolvidos em filosofia da mente e em ciências cognitivas nas suas diversas formas, esse capítulo assume uma abordagem hermenêutica-cultural. Entendemos com isto tomar como ponto de partida para as discussões a autocompreensão no dia a dia e seu sentido cultural, evitando uma visão de ser humano marcada por abstrações científicas que levam a um tipo de dualismo mente e corpo. O tema da digitalização da alma ganha com isso um novo enfoque, tornando-se parte do horizonte hermenêutico de uma exploração cultural sobre o significado da existência humana a ser interpretado.

A abordagem escolhida neste capítulo parte do pressuposto de que a existência humana não pode ser devidamente apreendida por um pensamento cientificamente objetivante que abstraia da realidade da vida humana o lugar hermenêutico do seu sentido existencial, bem como que desconheça sua configuração antropológica inserida na corporeidade, o que supõe considerações de filosofia natural e fenomenológica.[1] A crítica de uma terminologia que se distancia do mundo vivido pela experiência humana, como paradigmaticamente se vê na separação entre espírito e corpo, tem voltado à tona através da abordagem de uma antropologia filosófica da corporeidade.[2] Gostaria exatamente de reunir aqui argumentos desenvolvidos em correntes filosóficas como a fenomenologia, a filosofia hermenêutica, a antropologia filosófica e o pragmatismo no século XX, direcionando-os para a compreensão dos desafios atuais.[3] Entre esses desafios se encontram, entre outros, o neuroconstrutivismo e imagens naturalistas do homem, bem como perspectivas trans e pós-humanas de aprimoramento ou superação de limites do humano.

A temática de uma antropologia sobre corpo tem sido também desenvolvida nesse contexto, em perspectivas do pós-humanismo tecnológico, concretamente visando uma substituição do corpo por um meio digital de existência humana, chamado de *mind uploading*, transferido para um computador. Diante de todas as teorias que assumem ser os estados mentais em diferentes modos passíveis de digitalização, ele critica que estejam ligadas à tese da separabilidade entre corpo e mente[4] e de

---

1 Cf. HUSSERL, Edmund. *Die Krisis der europäischen Wissenschaften und die transzendentale Phänomenologie (Husserliana VI)*. BIEMEL, Walter (ed.). Den Haag: Springer, 1976; *Idem, Ideen zu einer reinen Phänomenologie und phänomenologischen Philosophie (Husserliana III)*. SCHUMANN, Karl (ed.). Den Haag: Springer, 1976.

2 Cf. FINGERHUT, Jörg; HUFENDIEK, Rebekka (eds.). *Einleitung in: dies. Philosophie der Verkörperung. Grundlagentexte zu einer aktuellen Debatte*. Berlim: Suhrkamp, 2013; ETZELMÜLLER, Gregor; WEISSENRIEDER, Annette (eds.). *Verkörperung als Paradigma theologischer Anthropologie*. Berlim: De Gruyter, 2016; JUNG, Matthias. *Symbolische Verkörperung. Die Lebendigkeit des Sinns*. Tubinga: Mohr Siebeck, 2017; ETZELMÜLLER, Gregor; FUCHS, Thomas; TEWES, Christian (eds.). *Verkörperung – eine neue interdisziplinäre Anthropologie*. Berlim: De Gruyter, 2017; FUCHS, Thomas. *Verteidigung des Menschen. Grundfragen einer verkörperten Anthropologie*. Berlim: Suhrkamp, 2020.

3 Cf. FINGERHUT, Jörg; HUFENDIEK, Rebekka (eds.). *Einleitung. Op. Cit.*, p. 9-104; BREYER, Thiemo. “Philosophie der Verkörperung. Grundlagen und Konzepte”. *In*: ETZELMÜLLER, Gregor; WEISSENRIEDER, Anette (eds.). *Verkörperung. Op. Cit.*, p. 29-50.

4 FINGERHUT, Jörg; HUFENDIEK, Rebekka. *Einleitung. Op. Cit.*, p. 79.

neutralidade corporal dos estados cognitivos.[5] [6] Tal visão rejeita a percepção fundamental de que a incorporação com respeito ao ser humano não deve ser entendida como instrumental, mas sim como constitutiva e que o mental sempre deve ser pensado desde o início como significante, ou instância que elabora significados.[7] Não vejo bem que a mente possa ser digitalizada, de modo que o significado existencial possa sempre "existir de uma forma ou de outra como significado corporificado e só assim [...] pode ser entendido".[8] Com base nessa ideia de uma 'realização múltipla'[9] do espírito, o pós-humanismo tecnológico está mais uma vez em busca de um 'lugar' especial do espírito que não faça parte da interação de um corpo carnal com seu ambiente e, portanto, também não necessite fazer parte de uma materialidade física específica e da natureza desse corpo.

Além dessa abordagem a uma antropologia corporeizada, foram pesquisadores principalmente mais jovens no campo da teoria cultural e da sociologia, e da teoria da mídia, que também criticaram os entendimentos distanciados sobre digitalização no discurso acadêmico e social, caracterizados por abstrações alienadas da vida.[10] Em particular, se contesta a abordagem cultural e midiática teoricamente informada contra uma compreensão da digitalização, que a reduz a uma simples mudança no modo de informar, ou seja, simples transição da mídia analógica para a digital, e também reduz o que é transmitido a informações cognitivas e processos. Por outro lado, enfatiza-se que a digitalização deve ser

5 BREYER, Thiemo. "Philosophie der Verkörperung". *Op. Cit.*, p. 40.

6 Veja também: SHAPIRO, Lawrence. *The Mind Incarnate.* Cambridge: MIT Press, 2004.

7 BREYER, Thiemo. "Philosophie der Verkörperung". *Op. Cit.*, p. 41.

8 *Ibidem*, p. 46.

9 FINGERHUT, Jörg; HUFENDIEK, Rebekka. *Einleitung. Op. Cit.*, p. 100.

10 Veja principalmente: RECKWITZ, Andreas. *Die Gesellschaft der Singularitäten. Zum Strukturwandel der Moderne.* Berlim: Suhrkamp, 2017, p. 225-287; e STALDER, Felix. *Kultur der Digitalität.* Berlim: Suhrkamp, 2017. Veja ainda a abordagem de Armin Nassehi, que é um pouco diferente, mas também articula sua própria compreensão da digitalidade: NASSEHI, Armin. *Theorie der digitalen Gesellschaft.* Munique: C.H. Beck, 2019.

entendida como um processo de transformação social e não como um processo individual, e vai muito além podendo ser pensado com conceitos filosóficos abstratos sobre a mente e cognição. Com a digitalização, trata-se muito mais de uma prática de abertura de sentidos (isto é, cultura) que rompe com todas as formas até então conhecidas de culturalização da existência humana.

A partir dessa perspectiva antropológica e teórico-cultural do tema, que será explicada com mais detalhes a seguir, este capítulo visa esclarecer em que medida as análises baseadas puramente na ciência cognitiva e na teoria da consciência tendem a reduzir o problema de viabilidade e limites da digitalização da alma humana para se ver a 'digitalização' como simples transmissão de dados digitais, ou seja, uma 'reincorporação' da mente e da alma em um computador, ou ainda como a implementação de uma 'reincorporação' e 'des-individualização' da mente a fim de criar uma nova singularidade tecnológica.[11] Ater-se apenas a análises científicas publicadas sobre a mente cognitiva, e a teorias da consciência quanto ao fenômeno da digitalização da alma, é uma postura inadequada para capturar ou até mesmo para descrever bem toda a extensão dos problemas e consequências associados à digitalização da existência humana. Pois estamos diante de problemas e consequências que afetam, por um lado, a autopercepção das pessoas no seu mundo vivido (fenomenologia da existência) e, por outro, a sua subjetivação, decorrente do fato de se integrar em práticas coletivas na elaboração de sentido (sociologia cultural e teoria).

Com base nessas considerações, gostaria de desenvolver dois argumentos a seguir:

(1) Segundo Andreas Reckwitz,[12] a digitalização não é uma forma de virtualização, desincorporação ou imaterialização da mente, como afirmado

---

11 Cf. MORAVEC, Hans. *Mind Children. The Future of Robot and Human Intelligence.* Cambridge: Harvard University Press, 1988; KURZWEIL, Ray. *The Singularity. Op. Cit.*

12 RECKWITZ, Andreas. *Gesellschaft der Singularitäten. Op. Cit.*

na visão pós-humanista original do carregamento da mente, uma transferência de funções cerebrais para um computador. Mais do que isso, deve ser entendida como uma prática de informática que transforma de modo abrangente a cultura e a sociedade, que redefine significativamente a maneira como as pessoas vivem por meio de formatos culturais gerados tecnologicamente, e que representa uma ruptura com práticas culturais de informação anteriores e com a consequente autocompreensão dos seres humanos. Nesse sentido, o tema da digitalização da alma deve ser realocado no horizonte de um desenvolvimento cultural que se realiza coletivamente sobre o sentido da existência humana. Nesse horizonte, é sobretudo clara a diferença entre um processo moderno clássico de conversão de contextos naturais em ordens sociais de significado, realizadas como 'cultura do cuidado', e o processo de produção tecnológica de incorporações visando a 'máquina cultural' de digitalização.

(2) Em uma cultura de digitalizados, isto é, em um modo típico de a mídia digital produzir e mostrar particularidades dos modos de viver e formas subjetivas pessoais, ocorre que a materialidade de sua existência corporal é reorganizada em forma de uma (nova) singularidade de sua existência, produzida tecnologicamente para ser sempre encenada de modo performativo. Essa versão difere significativamente do modo e figura da singularidade existencial, que caracterizou sua vida em um modo de vida que não foi moldado decisivamente pela interação com máquinas digitais. Como Paul Ricœur analisou memoravelmente, o ser humano deve ser entendido como pessoa porque é dotado de uma capacidade inequívoca de formar uma identidade, de manter a continuidade de sua existência ao longo do tempo. Como ser de sentido e significativo, encontra-se no lugar de sua dupla existência corporal viva e física, mas também no trato com os outros, sempre como *um Outro*, isto é, ser estranhado e estranhar o afetam, pelo que ele pode voltar a si mesmo. A esse respeito, segundo Ricoeur, ele não possui nenhuma mesmice,

nenhuma autopermanência no mesmo sem sonoridade, mas possui uma individualidade justamente na mudança de si mesmo. Um eu, que segundo Ricoeur permanece um ser constituído significativo *a partir do Outro*, e por isso nunca como um serial, montado para reproduzir uma ordem preestabelecida. O Eu não tem, portanto, uma identidade fixa e autocontida, mas desenvolve uma 'identidade aberta' que se forma no confronto constante com a alteridade e a estranheza. Correspondentemente, sua identidade, especialmente em termos sociais e políticos, é de natureza completamente diferente da que é apresentada no 'renascimento digital' do sujeito como uma singularidade produzida em série.

2. Sentido da digitalização: máquina cultural para a transformação do sujeito

A visão pós-humanista[13] da transferência do espírito humano para um computador, que se supõe realizável através de uma simulação computacional do cérebro, mostra de modo bem concreto o adeus ao corpo efêmero como uma verdadeira possibilidade de superação da condição humana.[14] A seguir, discutiremos criticamente esta compreensão subjacente sobre a digitalização.

Na visão de carregamento da mente, assume-se que poderia ser desejável para uma existência humana deixar o *corpo mortal* e, em seguida, substituí-lo por um *corpo artificial* ou, opcionalmente, alimentar sua existência individual em uma existência coletiva sem substituir o corpo individual. Surgiu de Friedrich Nietzsche a visão que aponta nessa direção, de que o homem moderno não é mais capaz de se perceber com uma alma imortal,

13 Para a classificação do *upload* da mente como uma tecnologia pós-humana que vai além do impulso transumano em melhorar os humanos, veja: LOH, Janina. *Trans- und Posthumanismus zur.* Hamburgo: Junius, 2019, p. 102-103.

14 MORAVEC, Hans. *Mind Children. Op. Cit.*; KURZWEIL, Ray. *The Singularity. Op. Cit.*

mas com muitas almas mortais.[15] E assim é também com o carregamento da mente – independente da intenção dos inventores dessa imaginária *transgressão da condição humana*, deve-se entender não tanto como uma entrada na imortalidade, mas sim como a dissolução da existência de uma identidade humana pessoal em um sistema tecnológico. Ao contrário do que se diz tantas vezes, o ato de carregar a mente não visa alcançar a imortalidade humana na forma de uma cópia digital de seu estado individual de consciência. Pois o novo 'local de armazenamento' da consciência - seja um computador, um robô, um androide ou algo semelhante – também não tem vida útil ilimitada. Ainda não se inventou um meio de armazenamento digital imaterial, que não se deteriore e se torne inútil após um longo período de uso. É claro que, mudando e trocando constantemente as mídias de armazenamento e simulando e copiando sempre de novo as mentes já digitalizadas, pode-se chegar a uma infinda reprodução. Mas com isso não se alcança a desejada presença permanente puramente virtual de uma alma humana, pois é mais do que duvidoso que as mentes reproduzidas sejam de algum modo seres conscientes e existentes. E mesmo que essa revolução tecnológica fosse bem-sucedida, seria preciso discutir se a presença permanente e atemporal do digital poderia ser significativamente equiparada à ideia de imortalidade. Por isso a perspectiva da imortalidade não será considerada, nas reflexões seguintes, como um ponto decisivo na visão pós-humanística sobre o carregamento da mente.

Em vez disso, veremos a questão levantada pelo carregamento da mente como uma questão de possibilidades e consequências, mas também de limites e 'becos sem saída' que ocorrem atualmente com mudanças culturais da transformação digital. É importante primeiro descobrir até que

15 Veja a paráfrase da filosofia de Nietzsche em: VATTIMO, Gianni. "Das Fliegenglas, das Netz, die Revolution und die Aufgaben der Philosophie. Ein Gespräch mit 'Lotta continua'". *In*: *Jenseits vom Subjekt. Nietzsche, Heidegger und die Hermeneutik*. Viena: Passagen: 1986, 15-35, p. 30.

ponto o discurso e a ideia de carregamento da mente continuam sendo um primeiro entendimento, já superado, do que a digitalização, armazenada em sistema analógico, significa principalmente como transmissão ininterrupta de informações e processos cognitivos.

Nesta primeira perspectiva, assume-se que com a digitalização só mudou o meio de transmissão da informação ou conteúdo cognitivo. Entende-se que forças e efeitos das mídias digitais são principalmente de natureza imaterial e levariam a uma, por assim dizer, virtualização da vida, a um distanciamento de suas condições físicas e corporais vivas.[16] Parece cada vez mais sem sentido a visão inicial da digitalização, baseada em uma mera mudança em 'antigas' formas culturais e seus principais modos de comunicação, como a palavra e a escrita, bem como os relacionamentos físicos. Por outro lado, também se reconhece que forças contrárias são liberadas com a digitalização, que a contrabalançam na forma de uma tendência a realocar e vincular a vida a uma materialidade natural.

Exatamente essa hipótese, que coloca a digitalização completamente às margens do virtual e do não-físico e a situa em uma dialética com todas as forças materiais e 'fundamentais' da sociedade e da cultura, é, no entanto, com frequência questionada, criticada e declarada superada pela mídia e por teóricos culturais.[17] Como principalmente análises sociológicas e teórico-culturais estão mostrando, as sociedades da modernidade globalizada estão passando desde o final do século XX por um profundo processo de transformação, que absolutamente não se reduz a uma tendência de virtualização, imaterialização ou aperfeiçoamento do modo de vida humano.

---

16 Polarizadas neste ponto de vista são, por exemplo, as reflexões de Jacques Derrida sobre as duas forças entrelaçadas da modernidade ocidental, abstração e apego, separação e confiança. Ver: DERRIDA, Jacques. "Glaube und Wissen. Die beiden Quellen der Religion an den Grenzen der bloßen Vernunft". *In*: DERRIDA, J.; VATTIMO, Gianni (eds). *Die Religion*. DÜTTMANN, Alexander G. (trad.). Frankfurt: Suhrkamp, 2001, p. 9-106.

17 STALDER, Felix. *Kultur der Digitalität. Op. Cit.*; RECKWITZ, Andreas. *Gesellschaft der Singularitäten. Op. Cit.*

Mais do que isso, tal processo se caracteriza por uma "profunda *culturalização do social*", como diz Andreas Reckwitz.[18] Nela, formas de vida e tradições particulares e historicamente desenvolvidas seriam cada vez mais potencializadas por uma hipercultura globalizada com práticas fluidas e mutantes de subjetivação. Esta nova forma de cultura, que começa a aparecer no século XXI, é descrita por Reckwitz como 'culturalização', isto é, um processo de aumento da influência invasiva nos processos culturais na vida humana. O teorema da culturalização de Reckwitz rompe ainda com a compreensão moderna da cultura do século XIX. As teorias culturais modernas do século XIX, segundo o pensamento de Georg W. F. Hegel e Friedrich D.E. Schleiermacher, entendiam a "cultura" como a realização progressiva da razão na natureza. E com isso, este processo de crescente intervenção racional e dominação da natureza se associou a uma ideia de progresso, que passa a considerar a natureza cada vez mais dependente da cultura, isto é, entrando nela de maneira transformadora. Por outro lado, 'Culturalização' como usada por Reckwitz significa algo diferente de uma ideia filosófica do progresso da razão através da intervenção e dominação da natureza. Como 'culturalizada', ele entende uma prática social em que ocorre uma constituição significativa de sujeitos para além da relação entre razão e natureza, nomeadamente através do uso de tecnologias digitais e sem a inclusão de processos naturais e processos que se tornaram naturais. 'Culturalização' significa então a *produção puramente tecnológica* de formatos culturais sem que esta tenha que ocorrer em uma interação harmoniosa com um elemento natural e, portanto, resistente.

Com a crítica à redução da digitalização a uma simples mudança de informática que vai do analógico para o digital, começa a segunda visão sobre a digitalização. Caracteriza-se por uma passagem do mero uso técnico para perspectivas de uso social das mídias digitais em âmbito

---

18 RECKWITZ, Andreas. *Gesellschaft der Singularitäten. Op. Cit.*, p. 17.

de cultura. Felix Stalder,[19] um cientista da informática, afirma que a partir do século XXI se estende nas sociedades ocidentais uma cultura digital através de formatos sociais e práticas cotidianas. Representa uma mudança cultural abrangente que vai muito além dos programas de tradução inicialmente entendidos como sistemas analógicos de digitalização. É preciso, portanto, também dizer adeus à imagem do digital que prevaleceu na primeira fase da digitalização a partir dos anos 1960, que trabalhava com projeções de imaterialidade, virtualidade e perfeição (em contraposição ao material, corpóreo e imperfeito).[20] Já mostramos também ser falso que a nova infraestrutura de mídia digital signifique um afastamento do princípio da realidade material. As mídias digitais também dependem de infraestruturas físicas como computadores e outras máquinas e se manifestariam em suas próprias formas e práticas sociais. Elas representam, portanto, uma nova prática de informática, mas não uma dissolução da materialidade e sociabilidade da informática como tal.

Stalder, dessa forma, se refere a uma perspectiva pós-digital no século XXI que vem se estabelecendo caracterizada não pelo domínio e substituição, mas sim por uma inflação do digital: os meios de comunicação da cultura digital estão cada vez mais gerando novas práticas de comunicação e organização da cultura humana como um todo, que se refletem na expansão na área da vida humana, antes em sistemas puramente analógicos. Com isto se dá uma presença da digitalidade para além dos meios digitais e se abre um processo de sua materialização em realidades sociais, isto é, novas formas de ação, de práxis e sistemas sociais que funcionam de acordo com as regras da tecnologia da informação e permitem uma liberdade completamente nova e até então desconhecida de moldar a sociabilidade e a cultura.[21]

---

19 STALDER, Felix. *Kultur de Digitalität. Op. Cit.*

20 *Idem.*

21 *Ibidem*, p. 20.

O resultado dessa revolução no modo de vida humano é chamado por Stalder de 'cultura da digitalidade'. Com a revolução dos dados a partir do ano 2000, isso cada vez mais assume uma nova forma: a forma de uma nova desordem.[22] A digitalização e o arquivamento online agora não seguem mais uma ordem fixa e limitada. Eles não estão presos nem ao espaço nem ao tempo como condições externas. A consequência disso é que formas estabelecidas e comprovadas de sentido e vida (tradições, convenções, instituições sociais) tornam-se instáveis e inseguras com o uso das mídias digitais. O significado originalmente dado a objetos e coisas até a vida física cotidiana está, portanto, cada vez mais desgastado.[23] Trabalhar, telefonar, fazer compras ou ler eram até então ações relacionadas a instrumentos e pessoas concretas, a lugares e tempos reais, e agora podem ser realizadas em qualquer lugar e a qualquer momento através da digitalidade. Por exemplo, ler um livro filosófico ou ouvir uma palestra filosófica agora também é possível fora de instituições educacionais e de seus horários de funcionamento, e não está mais vinculado a um determinado status social ou a um modo de vida específico. Como resultado, a importância de atividades cotidianas mais básicas deve ser renegociada cada vez com maior frequência, por exemplo, sobre quando e onde ler e ouvir, fazer ligações ou trabalhar e quando e onde isso não convém ou deve ser evitado conscientemente.

A referencialidade da comunicação social e seus processos de compreensão, também em relação às coisas, objetos e fenômenos, adquirem assim um caráter basicamente performativo, isto é, ela se torna dependente de uma práxis de vida gerada individual ou coletivamente e, além disso, é manejada nela de forma completamente instável, ou seja, não mais determinada por normas e convenções sociais. A consequência disso é que os

22 *Ibidem*, p. 115.

23 *Ibidem*, p. 117.

conjuntos de sentidos estabelecidos na vida das pessoas têm que ser permanentemente expandidos, mudados e continuamente afirmados para serem importantes: "Tudo o que não é sempre usado e renovado desaparece".[24] Ocorre então que em uma cultura digital não se trata mais de preservar algo ou ficar simplesmente mantendo, mas de mostrá-lo mais do que real na hora da postagem. Assim é muito fácil ficar invisível ou ser esquecido; basta evitar que coisas ou pessoas entrem no fluxo veloz e sempre atualizado da comunicação e dados digitais. Nesses processos de comunicação, o sujeito humano também não se constitui mais de forma essencial, mas performativa, isto é, ele não adquire mais a coerência de sua 'essência' ou 'cerne'.[25] Segundo Stalder, entre outros, essas mudanças se devem ao novo horizonte espaço-temporal da comunicação digital, pois ocorrem por assim dizer *sem lugar em uma presença constante.*[26] Este modo de tempo é uma "temporalidade hostil à vida",[27] profundamente, já que sob sua influência todos os ritmos temporais do espaço social teriam que ser redefinidos.

De acordo com Stalder, no entanto, esse desenvolvimento também tem consequências muito positivas. Pois novas formas de autonomia cultural poderiam se afirmar e sistemas sociais mais participativos e abertos poderiam contribuir para uma sociedade melhor, mais conectada, "mais fluida" e mais diversificada, com novos bens em comum e uma comunicação "sem donos". Mas ele também menciona consequências negativas, por exemplo, o dilema de uma renegociação tão abrangente e permanente de todas as ordens sociais, na qual cada vez mais pessoas podem participar: o controle afrouxado sobre a ação social do indivíduo deve ser compensado pela necessidade de um maior controle de dados e condições estruturais, desta forma liberada

24 *Ibidem,* p. 128.

25 *Ibidem,* p. 143.

26 *Ibidem,* p. 147.

27 *Ibidem,* p. 149.

de ação, para ao final garantir sua centralização e normatização, como algo necessário à salvaguarda do bem-estar da sociedade como um todo.[28]

Através de formas de vigilância e controle digitais tendentes ao totalitarismo, tenta-se dominar uma tendência fundamental da cultura digital: sua tendência à fragmentação e divisão.[29] Isso resulta do fato de que a gestão da informação dos algoritmos, dos programas de processamento de dados nos aparelhos, causa a multiplicação de grupos, espaços de comunicação, unidades cada vez menores e uma dispersão da sociedade,[30] pela qual as formas de comunicação de cada grupo específico, e com elas as referências e perspectivas de realidade compartilhadas por esse grupo, se tornam cada vez mais distantes umas das outras e imunizadas umas contra as outras. Tais grupos não teriam mais contato entre si ou com uma realidade reconhecida como comum a todos. Ao final, isso levaria a uma fragmentação da sociedade como um todo, e, portanto, à sua desintegração social.

Como solução para esse problema, Stalder sugere que o digital seja de novo reconduzido em conjunção com o físico e situado em constelações espaço-temporais concretas. Se não houver referencialidade às condições físicas ou aos espaços, corre-se o risco de uma manipulação abrangente de todos os eventos da vida sem qualquer referência à realidade, o que pode acabar por destruir a confiança das pessoas nos processos de comunicação social enquanto tais. Por esta razão, é urgente colocar em rede os vários espaços de comunicação e publicidades digitais num espaço físico partilhado (reuniões, manifestações, comunicados rápidos) através da utilização de infraestruturas físicas partilhadas ou através de atividades sociais físicas partilhadas (oficinas comunitárias, lojas de consertos

28 *Ibidem*, p. 240.

29 STALDER, Felix. "Von der repräsentativen zur vernetzten Demokratie". *Stimme. Zeitschrift der Initiative Minderheiten,* 112: 26-28, p. 28, 2019.

30 Sobre o contexto da cultura digital e modernidade tardia, ver: FUKUYAMA, Francis. *Identity. The Demand for Dignity and the Politics of Resentment.* Londres: Farrar, Straus and Giroux, 2018.

mecânicos pessoais, compartilhamento de carros), para afastar a possibilidade de uma completa manipulação tecnológica do digital.[31]

É justamente com esse diagnóstico e opção de solução que Stalder acaba caindo no esquema que criticava de pensar a digitalização a partir da contraposição digital/analógico. Em última análise, ele entende o digital como deficiente em si mesmo, nomeadamente devido à sua falta de referencialidade e, portanto, à sua integração material em constelações espaço-temporais. No entanto, sua análise pode pelo menos ser chamada de inconsistente. Afinal, ele acabara de exigir que o significado cultural, independente do movimento de digitalização, fosse finalmente levado a sério e que o digital não fosse mais pensado em oposição ao analógico e, portanto, em um contraste de virtual versus material, mas sim pensar o analógico a partir do digital. Uma reflexão sobre a cultura da digitalidade, que completa a ruptura com o modo de pensar anterior, também deve ser capaz de mostrar que referencialidades à materialidade, corporificação e constelações espaço-temporais em uma cultura da digitalidade são recém-criadas e organizadas de maneira bem diferente do que até agora. No entanto, isso é precisamente o que na abordagem analítica de Stalder ainda não acontece.

Esse problema, todavia, se concentra em outra interpretação contemporânea da mudança digital, que retoma as características de uma cultura da digitalidade delineadas por Stalder, mas entende a digitalização de forma mais forte e independente como um impulso de reversão na relação entre tecnologia, mídia e cultura: não que cultura e sociedade seriam cada vez mais desorganizadas pelas práticas digitais, mas que a própria tecnologia digital seria parte da culturalização inflacionária da vida. De acordo com isso, a sociedade está sendo reorganizada cada vez mais por meio das práticas da mídia digital, mas a própria tecnologia digital deve ser caracterizada como parte de uma culturalização inflacionária da vida.

31 STALDER, Felix. *Demokratie. Op. cit.*, p. 28.

Nessa abordagem, o contraste digital/analógico é superado analisando e descrevendo a digitalização – como já explicado na introdução – como uma 'máquina cultural' (A. Reckwitz), isto é, como a primeira tecnologia cultural que não mais organiza as condições de vida do ser humano e sua subjetividade através da interação entre formação mental e materialidade natural, mas em um modo completamente diferente.

Em seu livro *The Society of Singularities,*[32] o sociólogo Andreas Reckwitz traz um novo padrão de interpretação para a digitalização em questão: a cultura da digitalidade leva a uma sociedade de produção serial de singularidade e distinção. Produz sujeitos que, em seu modo de vida, sempre tomam como padrão a exibição da singularidade e da distinção e que, em formatos políticos "culturalizados",[33] se dedicam, como as políticas identitárias contemporâneas, à produção de diversas construções identitárias que estão sempre se desviando de uma norma prevalecente do normal. O cultivo de um sentido abrangente de comunidade na sociedade está sendo cada vez mais abandonado devido ao fortalecimento de uma maior 'economia de atenção' voltada para o especial, o único e o inconfundível na comunicação do digital. Com isso, ao contrário do que afirmava Stalder, o efeito primário do digital não seria a fragmentação social e a dispersão em unidades cada vez menores, mas a criação de formas completamente novas de comunidades e sujeitos, que se caracterizam pelo fato de não conterem o comum a todos e o super organizado, mas sempre o diferente e especial, encenado e comemorado. Segundo a tese de Reckwitz, a efetividade da cultura, ou seja, das práticas coletivas de desenvolvimento de significado e subjetivação, com e pela digitalização, se tornou presente em todo canto: as mídias digitais – computadores, internet, disponibilidade de vídeos, redes sociais e jogos de computador – não seriam apenas disseminadoras de informações e

---

32 RECKWITZ, Andreas. *Gesellschaft der Singularitäten. Op. Cit.*

33 *Ibidem,* p. 371.

dados, mas tornaram-se máquinas culturais no sentido de que são "portadoras de afetos"[34] e estimulam continuamente a afetividade das pessoas.

Em sua performance, as tecnologias culturais digitais, se mostram sempre cruzando fronteiras sociais em todos os aspectos e levam constantemente as pessoas a estetizar visualmente até mesmo as formas mais íntimas de vida e de situações. As imagens digitais, textos, sequências sonoras e formatos de jogos que circulam nas redes, que as pessoas em práticas de cultural digital continuamente consomem, internalizam e reproduzem em seus celulares, transformam todas as modalidades de comunicação social de tal forma que as pessoas se tornam uma práxis *onipresente* da cultura, em outras palavras, uma "Estrutura de Performance e Experiência"[35] em um giro contínuo no qual se socializam. Além disso, a subjetividade em tal cultura estaria cada vez mais ligada à experiência de assistir e de se apresentar sempre com sucesso na frente de um público que assiste:

> No cerne da tecnologia social hegemônica não está mais a produção de máquinas, fontes de energia e bens de consumo, mas a fabricação expansiva de formatos culturais que toma conta do cotidiano com uma qualidade narrativa, estética, performativa, lúdica, moral e ética, ou seja, textos e imagens, vídeos e filmes, falas ocorridas e jogos. Esta é a primeira vez que a tecnologia moderna se torna uma *máquina cultural* em seu cerne. [...] A tecnologia torna-se agora, de um modo especial, promotora daquilo que antes procurava eliminar: a singularidade e a cultura.[36]

Com isso, Reckwitz entra em uma característica básica muito importante da digitalização, ou seja, a fusão de cultura e tecnologia que ela alcançou, o que representa uma característica especial do presente. Conforme Reckwitz, a tecnologia na era moderna em desenvolvimento no século XIX era antes de mais nada um instrumento de padronização e formalização das atividades da vida, cuja cultura e suas diversas práticas estéticas e

34 *Ibidem*, p. 234 (grifo no original).

35 *Ibidem*, p. 237.

36 *Ibidem*, p. 227-228 (grifo no original).

simbólicas de criação de significado, com base na interação harmoniosa do comum a todos e do particular ou de construir sentido e sensibilidade,[37] aparentemente hostil a ela, está agora em uma segunda modernidade ou modernidade tardia no contexto da emergência e disseminação onipresente de tecnologias digitais, por exemplo, a comunicação assistida por computador em uma rede mundial de computadores tornou-se a infraestrutura de suporte para a criação coletiva de significado e, portanto, para performances culturais. Isso lhe foi possível eliminando a singularidade de todas as mídias analógicas por meio de sua conversibilidade uniforme em um código digital. No entanto, isso por si só não explica a eficácia cultural da tecnologia digital. Apenas desdobrou um poder de mudar a vida das pessoas e da sociedade ao entrar no sujeito por meio de seu poder de aumentar o afeto e as emoções e remodelá-lo. A densa interação entre homem e máquina digital tem levado a processos culturais nos quais as pessoas experimentam uma constituição significativa de si mesmas assumindo uma nova forma. Neles, a emergência da particularidade e da singularidade é possibilitada e promovida em variações e formatos sempre novos, ao mesmo tempo que se abre mão da ligação à individualidade e particularidade em favor de uma generalidade preestabelecida. A tecnologia digital molda assim a cultura de uma nova forma, nomeadamente ao garantir a produtibilidade serial e a duplicação de identidades únicas e inconfundíveis através de processos de normalização técnica que decorrem em segundo plano.

No curso de sua digitalização, a tecnologia está assumindo um papel cultural, uma forma de produção e duplicação de formatos culturais. Em suma, pela primeira vez ela se torna uma 'máquina de cultura' e, portanto, uma tecnologia de produção de cultura. Reckwitz chama assim a mudança da tecnologia como produtora de cultura, descrita, como vimos, pelo conceito de máquina de cultura para indicar que, com a

---

37 Veja, por exemplo: CASSIRER, Ernst. *Philosophie der symbolischen Formen (1923-1929). Vol. 3. Gesammelte Werke 11-13*. ROSENKRANZ, Claus (ed.). Hamburgo: Meiner, 2001/2002.

tecnologia digital, as pessoas tornam-se pela primeira vez o produto de uma tecnologia cultural autóctone, na medida em que sua visibilidade e sua aparência, ou seja, a materialidade de sua existência, se torna um formato fabricado tecnologicamente.

As análises de Stalder, mas principalmente as de Reckwitz, mostram que a digitalização não tem como efeito principal fazer desaparecer a corporeidade, a materialidade e a sociabilidade. No processo de transformação social chamado de 'digitalização', não se trata de tirar a mente do corpo, mas de uma dinâmica que mescla cultura e tecnologia, que conduz a modalidades e manifestações sempre novas de uma encenação cultural e elaboração da subjetividade por meio de deslocamentos permanentes e cada vez mais rápidos. A materialidade do sujeito, reorganizada através do aumento do afeto e da emocionalidade nas interações homem-máquina, é caracterizada pelo fato de que sempre incorpora a existência significativa do sujeito como único e inconfundível entre as demais. No entanto, isso não é de forma alguma uma questão de singularidade e característica especial, trazida pela autoexperiência individual de uma pessoa, que se daria na interação de natureza e cultura, de sensualidade e sentido, de fisicalidade e corporeidade; mas é uma singularidade produzida tecnologicamente, produzida em série por algoritmos padronizados executados nos bastidores, ou seja, por operações aritméticas de máquinas que são sempre reprogramadas com novos dados existentes.

Segundo Reckwitz, a subjetividade gerada digitalmente é, portanto, também parte de uma transformação cultural e tecnológica que produz uma forma de existência humana extremamente frágil e instável, caracterizada pelo imediatismo, instabilidade e "vazio normativo".[38] Nela há menos perigo de desconstruir a existência corpórea do ser humano e, com ela, o caráter eventual do sofrimento humano e outras formas de

38 RECKWITZ, Andreas. *Das Ende der Illusionen. Politik, Ökonomie und Kultur in der Spätmoderne.* Berlim: Suhrkamp, 2020, p. 54.

percepção e experiência da existência humana; mas há sim muito mais o perigo de transformá-los de tal maneira que existam apenas como lado inferior perturbador e patológico de uma 'hipercultura' próspera, isto é, uma práxis cultural que não está mais aberta à interação com uma contrapartida natural. De acordo com essas análises, o resultado da digitalização seria menos uma simples abolição da existência física humana, e muito mais uma transformação cada vez mais radical dela em uma forma de vida completamente culturalizada e em uma consequente supressão de qualquer resistência, para garantir se ver na dimensão da subjetividade humana que mostra e/ou faz a mediação com o outro e sua alteridade.

A preocupação das visões pós-humanistas sobre o carregamento da mente em representar ou simular digitalmente o espírito humano para melhorá-lo tecnologicamente e controlá-lo até a última instância parece perigosamente cega aos desenvolvimentos realmente em curso e, acima de tudo, ingênua diante do verdadeiro potencial da tecnologia cultural digital. Pois isso desencadeia uma transformação radical da existência humana justamente por não se reconhecer o princípio de resistência da realidade moderna,[39] da indisponibilidade ou alteridade para o sujeito, e da compreensão do mundo e da realidade dos mundos culturais da modernidade por meio de um novo mundo referência substituída, na qual não há mais espaço para a contingência, para a experiência sensorialmente mediada e para uma abertura dinâmica da existência humana.

39 Veja a distinção que já se fazia entre os quatro conceitos de realidade desde a Antiguidade, Idade Média, Renascença e Modernidade em: BLUMENBERG, Hans. "Wirklichkeitsbegriff und Möglichkeit des Romans". *In*: HAVERKAMP, von Anselm. *Ästhetische und metaphorologische Schriften*. Frankfurt: Suhrkamp, 2001, p. 47-73, principalmente p. 53-54: "Nesse conceito de realidade, a ilusão é entendida de antemão como filha desejada do sujeito [...] e, consequentemente, antiteticamente, a *realidade como aquilo que não é compatível com o sujeito* [...]. A realidade aqui é aquilo que está completamente indisponível, que como mero material não pode ser submetido à manipulação e, portanto, a um fenômeno constantemente reversível, que foi apenas aparentemente e temporariamente colocado em uso no processo de mecanização, para então revelar-se em sua autonomia avassaladora e um poder que tiraniza seus criadores como um *factum brutum* [...]" (grifos no original).

Isso nos leva a entender que para a vida humana ser totalmente capturada por uma 'máquina cultural' digital, não é necessário acabar ou substituir completamente a existência corporal física de alguém. Esta é mais uma suposição enganosa, pois é suficiente filtrar esta existência corpórea e transformar sua forma de percepção no espaço do sujeito de tal forma que seja apenas percebida como um "fogo interferente" patológico de uma performance da cultura tecnológica de algum modo florescente, liberada e flutuante com suas economias de atenção. Esse desenvolvimento, essa mudança de paradigma, tão radical quanto sutil – e não o carregamento da mente e a visão de apagar nossa existência física corporal –, é que constitui a distopia real[40] de uma culturalização dos humanos, impulsionada digitalmente sem reservas.[41]

3. A digitalização como o último ato de uma existência que não tem controle sobre si mesma

Muito mais significativa do que a ideia, enraizada na dualidade corpo-mente, de que o ser humano pode criar uma cópia digital de sua consciência, é a nova visão da cultura e da materialidade do sujeito culturalmente

---

40 Não apenas aqueles que consideram a natureza humana e seu destino como a referência inalienável dos eventos evolucionários - cf. FUCHS, Thomas. *Defense of Man. Op. Cit.*, p.100 - podem falar de uma distopia, mas também aqueles que veem com ceticismo a absorção completa da cultura na culturalidade tecnológica.

41 Esta objeção também se aplica à defesa do ser humano ou de sua humanidade promovida por Thomas Fuchs, Markus Gabriel e outros representantes de um novo humanismo - cf. GABRIEL, Markus. *Moralischer Fortschritt in dunklen Zeiten*. Berlim: Ullstein, 2020. Uma defesa humana não tem que ser primeiramente contra a abolição do corpo e sua 'Naturalidade', 'vivacidade' ou 'animalidade', mas contra essa materialidade recém-concebida que busca superformar a corporeidade de maneira culturalizada e convertê-la em uma corporeidade que pode ser construída, uma materialidade então compreendida de maneira puramente construtivista. Diferente disso, por exemplo, as propostas em: ŽIŽEK, Slavoj. *Disparities*. Londres: Bloomsbury Academic, 2016; *Idem, Absolute Recoil. Towards a New Foundation of Dialectical Materialism*. Londres: Verso, 2014; *Idem, Less than Nothing. Hegel and the Shadow of Dialectical Materialism*, Londres: Verso, 2012; *Idem, The Parallax View.* Cambridge: MIT Press, 2009; *Idem, The Puppet and the Dwarf. The Perverse Core of Christianity*. Cambridge: MIT Press, 2003.

gerada, que se associa à digitalização como uma nova forma de interação homem-máquina. Mais adequada do que a visão de dissolução de toda materialidade e corporeidade da existência humana na imaterialidade do espiritual, virtual ou cognitivo, é entender a questão da digitalização da mente, cultura e alma humanas como uma questão de *reorganização de sua materialidade*. Pois o que é essencial sobre a nova tecnologia cultural digital é que ela completa a transição para uma forma de subjetividade totalmente culturalizada e, portanto, para uma *forma tecnológica-artificial*. A digitalização pode, portanto, ser entendida como uma mudança de corpo produzida tecnologicamente ou como uma reincorporação tecnológica daquilo que as humanas experiência e subjetividade são e constituem.

Portanto, se a visão do carregamento da mente contém um poder utópico, deve ser visto como uma imaginação de uma entrada em uma práxis midiática, ou melhor, em uma tecnologia midiática, que ao final não produz apenas um *homo medialis*,[42] isto é, um ser que usa a mídia e é moldado pelo uso da mídia, mas poderia fazer um produto criado pela mídia cultural como um ser sem o próprio senso. Este último difere de uma pessoa que usa mídia e cria cultura soberanamente através de sua mente em que a vida humana é imitada em funções selecionadas para criar formatos e conteúdos em um universo cultural de significados, mas que esta vida não se realiza mais por seus próprios discernimentos e vontade. Voltaremos a esse assunto mais adiante.

No entanto, com a transformação do ser humano em produto da cultura, em vez de produtor, é lançada também a pedra fundamental para uma nova forma de cultura pós-humana, que não tem mais seu interesse em uma clássica cultura *animi*, cuidado do espírito que anima os humanos, mas sim na utilização das funções da mente e do corpo para a manutenção e expansão de um sistema autossustentável de tecnologias de

---

42 Cf. PIRNER, Manfred L. *Homo medialis. Perspektiven und Probleme einer Anthropologie der Medien*. Munique: Kopaed, 2003.

mídia e de corpos não humanos.[43] O ser humano não é mais imaginável como o que, segundo a visão cristã, Deus, a natureza ou ele mesmo fez dele, mas sim o que a máquina digital criou e ainda criará.

Diante dos bastidores deste último cenário final, de aniquilação da obstinação da existência humana através de uma tecnologia cultural que se mantém por si mesma e não mais pelo ser humano, pode-se agora também perceber o potencial crítico moderno, que está inerente à visão de uma digitalização da alma humana e ao emergir das pessoas em uma tecnologia cultural. Afinal, o sujeito moderno se torna um sujeito sempre altamente suscetível, doentio e vulnerável quando não lhe é permitido produzir-se de forma autônoma e autodeterminada e não lhe é permitido escolher sua existência na livre determinação de sua vontade. No entanto, enquanto o sujeito moderno consegue sua autodeterminação justamente porque se organizou e se projetou no particular a partir do geral, o sujeito moderno tardio, por outro lado, nasce de uma lógica do particular, que supostamente permite uma existência mais livre e mais independente de referência às definições do geral, mas na realidade o submete aos ditames de uma visibilidade e materialidade de sua existência, movida pela compulsão incondicional de ser particular e de diversificar sua identidade cada vez mais e sem reservas. Não submete o sujeito apenas em seu livre-arbítrio, mas submete sua subjetivação à racionalidade técnica da produção de imagens digitais, em que sua identidade se espalha em representações de sua singularidade e distinção, geradas em série num giro constante, em vez de seu senso humano se formar em processos abertos do natural encontro com a oposição e a alteridade.

Nesse sentido, o filósofo Hans Blumenberg disse uma vez que foi precisamente o anseio por uma existência absoluta e autoalimentada no

43 Confira também a visão de estabelecer uma pólis tecnológica em: HARAWAY, Donna J. "Manifesto for Cyborg. Science, Technology, and Socialist Feminism in the 1980's". *Socialist Review,* 80: 65-108, 1985.

Iluminismo e na modernidade o que por fim e irrevogavelmente "jogou as pessoas de volta a profundezas desconhecidas de impotência e desespero".[44] A descoberta final e a "última experiência" da modernidade não devem, portanto, ser vistas como a autodeterminação humana, mas como a redescoberta da existência humana como uma existência que não tem controle sobre si mesma, constantemente ameaçada pelo fato de que seu significado na vida é ser completamente indiferente diante de sua realidade comportamental expropriada. Nesse sentido, se verifica que a máquina cultural da digitalização da modernidade tardia corresponde precisamente a essa realidade, indiferente à existência e à sobrevivência humana.

4. Da Identidade Aberta à Identidade Fragmentada: A Pessoa, um Eu Corporal

Em uma cultura de digitalidade, isto é, em um modo de vida gerado e produzido pela lógica dos meios digitais, a forma de percepção humana é reorganizada: ser e tornar-se sujeito significa, antes de mais nada, apresentar e encenar a própria singularidade e produzi-la autenticamente em formatos culturais digitais sempre atualizados, bem como desfrutar sem constrangimento os efeitos estimulantes do afeto desse realce de sua própria especificidade e singularidade. Tal, como Reckwitz a chama, singularidade produzida tecnologicamente e culturalmente difere significativamente do tipo e forma de uma existência única que se desenvolve quando as pessoas vivem suas vidas de uma maneira que não é primariamente ou até exclusivamente através da interação com o modo de vida moldado por máquinas digitais. A diferença entre uma e outra singularidade, ou seja, entre uma produzida tecnologicamente e uma constituição do sujeito que vai se realizando em um corpo vivo, será um ponto a ser

44 BLUMENBERG, Hans. *Beiträge zum Problem der Ursprünglichkeit der mittelalterlich-scholastischen Ontologie.* DAHLKE, von Benjamin; LAARMANN, Matthias (eds.). Berlim: Suhrkamp, 2020, p. 201.

apresentado com mais detalhes a seguir, recorrendo à fenomenologia do Eu segundo Paul Ricoeur.

Em seu sugestivo livro *The Self as an Other*,[45] Paul Ricœur argumenta que qualquer descrição impessoal da existência humana – como que a projeta reduzida a um 'cérebro em um corpo' – não pode desenvolver nem servir de base para desenvolver uma ontologia adequada da pessoa.[46] Porque uma descrição impessoal do ser humano é marcada pela desconsideração crucial do excelente meio de uma autorrealização dele no tempo e a condensação de sua existência em uma identidade pessoal, a saber, seu próprio corpo, sem o que não se consegue tematizar a pessoa. Para Ricoeur, a palavra 'corpo próprio' inicialmente se coloca na tradição de Edmund Husserl em contraste com 'corpo estranho'. Descreve a experiência vivencial do próprio corpo, isto é, a experiência de um corpo real como 'meu corpo', como um lugar de subjetividade e ao mesmo tempo um espaço de identificação objetiva para os outros (a chamada 'estrutura dupla do próprio corpo').[47]

Assim, Ricœur pode dizer que a personalidade humana só 'vem ao mundo' no modo de autonomia, porque apenas o envolvimento entre corpo e ego, entre objetividade e subjetividade, permite a emergência de um 'eu', que pode atuar para si e para os outros "como um inconfundível centro de perspectiva do mundo".[48]

Segundo Ricœur, é justamente a omissão do próprio corpo na descrição e na análise dos sujeitos que torna a descrição impessoal e o "enfoque do discurso do corpo *para o cérebro*"[49] tão próximos e ao mesmo tempo tão distantes da forma real de existência do ser humano:

---

45 RICŒUR, Paul. Das Selbst als ein Anderer. GREISCH, von Jean (trad.). Munique: Brill, 2005.

46 *Ibidem*, p. 164.

47 *Ibidem*, p. 72.

48 *Idem*.

49 *Ibidem*, p. 164 (realce feito pela autora R. K.).

> De fato, o cérebro difere de muitas partes do corpo e do corpo como um todo como uma experiência holística, e por isso não tem nenhum status fenomenológico e, com isso, nenhuma característica de pertença.[50]

Ao contrário de outras partes do corpo, os humanos não têm acesso físico ao cérebro. O cérebro não pode ser sentido fisicamente. Portanto, a expressão 'meu cérebro', ao contrário da expressão 'meu corpo', não faz sentido fenomenológico. O cérebro só é apropriado para falar como um cérebro em meu corpo. Portanto, é absurdo falar sobre o cérebro isoladamente sem considerar seu contexto físico e de vida.[51]

Ricoeur também rejeita uma por uma das abordagens a começar pela descrição impessoal e neutra do ser humano como um cérebro no corpo e, em seguida, em querer proceder a uma determinação de sua identidade como uma determinação agregada à identidade pessoal de um ser humano.[52] Para se fazer justiça às experiências fenomenológicas na vida humana, não se pode nem se deve desprezar em nada a esfera de sua especificidade reflexiva e de sua individualidade, uma vez que só essa tematização permite com segurança excluir da área de manipulação de objetos a descrição de uma identidade pessoal do ser humano. Na descrição do *self* humano, o que é próprio do ser humano e o traçado de sua individualidade pessoal (*selfness*) nunca poderiam nem deveriam constituir um "caso especial de impessoal".[53] A individualidade do Eu (*selfness*) é caracterizada precisamente pelo fato de não poder ser manipulada ou simulada tecnologicamente.

Ao contrário do que sugere o autoconfiante 'eu penso' que a filosofia moderna escolheu, Ricoeur inicia suas reflexões sobre o ser humano com um Eu que conhece a individualidade do corpo, no espaço de seu corpo vivo, mas nunca está inteiramente consigo mesmo:

---

50 *Idem.*

51 FUCHS, Thomas. *Leib, Raum, Person. Entwurf einer phänomenologischen Anthropologie.* Stuttgart: Klett-Cotta, 2018.

52 *Ibidem*, p. 165.

53 *Idem.*

> O Eu é incomunicável de si mesmo, e precisa sempre encontrar redes simbólicas pelas quais é interpretado, e só pode se reencontrar por meio desse desvio, no qual ele se despoja de si mesmo.[54]

Ricoeur não está, portanto, interessado em investigar como um sujeito estável e soberano se constitui 'em si', porque ele considera isso uma ilusão. Ele está mais preocupado em entender como um Eu se constituiu ou se constituirá em e através da ação, da narrativa e sua união física fundamental com os outros no espaço de seu corpo vivo. A expressão *'self'* ou *'selfness'*, usada por Ricœur para mencionar a dimensão central da personalidade humana, indica, então, em primeiro lugar, que as pessoas não são meras coisas, nem coisas corpóreas, que possam ser identificadas simplesmente pela apresentação de propriedades formais que, por exemplo, sejam permanentes no tempo. Ao contrário de um relógio ou de uma maçã, as pessoas têm a condição de um ser vivo que pode permanecer verdadeiro e internamente coeso – mesmo sem mostrar características imutáveis. Em segundo lugar, Ricoeur indica que é fundamental um componente passível para a gênese da pessoa humana: no lugar onde ele se ancora no mundo, no espaço de seu próprio corpo, as pessoas sempre encontram um Outro mais. O discurso sobre o Eu nesse caso contém então uma virada reflexiva, porque um Eu se forma na medida em que volta a si mesmo a partir do Outro.

Como Ricoeur memoravelmente analisou, o ser humano enquanto pessoa é dotado de uma capacidade inequívoca de formar sua identidade, de conferir continuidade à sua existência nas variações do tempo. Como ser que se constitui em forma sensível e significativa, encontra-se no espaço de sua dupla existência corpo material-corpo vivo, mas também no relacionamento com os outros, sempre como um Outro, isto é, cercado de estranheza e de estranhos, de onde pode e deve voltar renovado

54 BÜHLER, Pierre. "Das aufgerufene Selbst nach Ricœur – als Antwort auf die Krise der Subjektivität". *In*: DALFERTH, Ingolf U.; STOELLGER, Philipp (eds.). *Krisen der Subjektivität. Problemfelder eines strittigen Paradigmas.* Tubinga: Mohr Siebeck, 2005, p. 261-272, p. 269.

a si mesmo. A esse respeito, segundo Ricoeur, ele não possui nenhuma mesmice, nenhuma autopermanência sem tonalidades, mesmo nas vicissitudes da vida, mas sim uma individualidade própria (*selfness*) que significa um novo retorno a si mesmo precisamente na transformação de si mesmo e através das mudanças. A vitalidade de sua existência é a característica especial do ser humano responsável por essa habilidade de sempre voltar a si mesmo como outra pessoa. O corpo vivo designa uma forma específica e inconfundível de existência humana em relação a si e aos outros. É a conjugação e condensação de um Eu humano, que se desenvolve no encontro com a alteridade resistente e não em evitá-la. A alteridade resistente não acontece a esse eu como algo de fora, mas de dentro, no espaço de sua própria existência.

Em sua obra principal *The Self Unfolded as Other*, Ricoeur afirma que a compreensão da identidade pessoal é uma forma de atravessar o tempo consigo mesmo como um Outro e não como o Mesmo (tendo um núcleo imutável ou características fixas). A personalidade prova então ser um modo de vida no qual dinâmicas de descentralização ocorrem com frequência de modo produtivo com movimentos de centramento. Para isso Ricoeur considera essencial a constituição interior do eu através da alteridade, que ele vê como sendo causada pelo próprio corpo vivo e sua dupla estrutura. Não só pelo encontro com o Outro 'externo', mas sim na esfera interna é que se realiza, no espaço de seu próprio corpo vivo, a 'alteração' de si, constitutiva de uma identidade aberta. Ou seja, o Eu se forma de uma estrutura na qual sempre se reconhece por meio de sua capacidade de ser abordado por outros e não pode colocar-se sempre em uma postura 'identitária' desarticulada da conformidade consigo mesmo.[55] A formação da identidade de uma pessoa deve, por isso, ser sempre pensada como uma identidade própria (*selfness*) 'tocada' pela alteridade e não como uma identidade permanentemente homogênea, com a exclusão de toda alteridade.

55 RICŒUR, Paul. *Das Selbst als ein Anderer. Op. Cit.*, p. 395.

Para Ricoeur, portanto, o desenvolvimento da identidade pessoal nas condições do tempo sempre inclui um momento de desconstrução do Eu, que ele avalia como positivo enquanto permite que as pessoas voltem a si mesmas de uma maneira constantemente nova e diferente. Ricoeur chama e pensa o corpo vivo como o meio central dessa tangibilidade do Eu humano através do Outro, e vê as relações simbólicas e imaginárias de intercâmbio do Eu como mimesis cultural desse intercâmbio corporal vivo.[56]

Do ponto de vista psiquiátrico e psicopatológico, em sua obra *Zonas de bordas da Experiência*, o psiquiatra e filósofo Thomas Fuchs valorizou recentemente a contribuição de Ricoeur para a compreensão de uma identidade habitável nas peripécias do tempo.[57] O desenvolvimento de uma coerência temporal da própria história de vida seria indispensável para uma vida em relacionamentos estáveis e bem-sucedidos com os outros. E junto com isso, é importante lidar com a culpa do passado e a abertura e incerteza do futuro de uma forma integrada. Esta é a única maneira pela qual a responsabilidade, um contexto de vida significativo e a confiança são possíveis sem que o Eu seja "fragmentado".[58] Fuchs está, portanto, indicando um ponto ainda não explicitamente examinado nas observações de Ricoeur. O desenvolvimento de um Eu pode ser minado de dois lados: por uma consolidação identitária através de violento isolamento do Eu diante da alteridade sempre nova e assustadora; mas também pela dispersão e fragmentação de sua existência, que não mais permite um retorno integrador ao Eu.

Em termos concretos, Fuchs entende essa fragmentação como a incapacidade das pessoas de "ligarem as experiências contraditórias e

---

56 *Ibidem,* p. 396.

57 FUCHS, Thomas. *Randzonen der Erfahrung. Beiträge zur phänomenologischen Psychopathologie.* Friburgo: Karl Alber, 2020, p. 193-214.

58 *Ibidem,* p. 193-214; como também: *Idem,* "Überlegungen zur Desynchronisierung in der Depression", p. 170-192, que ele atribui ao desafio de uma "revolução [permanente] de nosso ambiente existencial" como uma das principais doenças de nosso tempo (p. 189).

descontínuas em suas vidas pessoais em uma visão superior de si mesmas".[59] A consequência disso é o vazio interior e o tédio, a falta de relações intersubjetivas estáveis e duradouras e a desintegração da própria história de vida em fragmentos incoerentes. Fuchs então enfatiza que isso não é de maneira alguma um problema individual, mas deve ser entendido como uma assinatura de uma cultura pós-moderna na qual não se trata mais de atitude repressiva com tudo que é diferente e estranho ao Eu (teoria do inconsciente de Freud), mas sim a dissolução do sujeito em tudo o que lhe é possível e a nova norma são as numerosas variantes de sua identidade. Diante disso, Ricoeur mantém presente a perspectiva oriunda da corporeidade viva, que permite recordar a importância de uma relação 'sustentável' do ser humano consigo mesmo, que se caracteriza pelo fato de que nela e através dela há o retorno a si mesmo, após a experiência de um Outro resistente e perturbador, e que pode ser encontrada nela a reconciliação com a própria história de vida.

5. Demasiado Humano: Singularidade Corpórea viva *versus* Singularidade Tecnológica

De acordo com a preocupação argumentativa deste capítulo, de abordar o tema da digitalização da alma através de uma nova perspectiva, a primeira parte das considerações apresentadas inicialmente se deu em conexão com as mais recentes teorias conceituais e sociológicas sobre mídia de Felix Stalder e Andreas Reckwitz. Desenvolveu-se com isso um argumento cultural-hermenêutico: a digitalização não é um fenômeno de virtualização, mas sim da culturalização da vida humana. Não se trata, portanto, de superar ou aniquilar a existência corpórea dos humanos, como se supõe à primeira vista na visão pós-humana da digitalização e carregamento da mente, mas sim de uma reorganização de sua materialidade e 'visibilidade'

59 *Ibidem*, p.193

através de novas práticas de geração coletiva de significado e de subjetivação afetiva. Entendida como uma 'máquina cultural' (Reckwitz) nesse sentido, a digitalização não apenas dissemina elementos cognitivos como a informação, mas principalmente cria sentimentos e autoexperiências afetivas, e assim possibilita uma nova forma de subjetivação, uma nova forma de geração digital e subjetividade reproduzida. Esta última caracteriza-se por seduzir o sujeito a configurar constantemente novas variantes da sua identidade única e inconfundível e a exibi-las perante um público em imagens e outros formatos da cultura digital. No entanto, também leva a uma situação em que a existência significativa não se realiza mais na forma de um Eu que se integra por meio de resistências e de alteridade.

A segunda parte deste capítulo refere-se a esta linha de pensamento e considerações de construção foram desenvolvidas. Elas procuram mostrar que a culturalização tecnológica da vida humana, impulsionando a mudança para uma prática de mídia digital, abriga o perigo de não mais desenvolver suficientemente a experiência de ser um Eu que se desenvolve na corporalidade e na temporalidade da existência humana. No entanto, como Paul Ricœur mostrou, isso é indispensável para o significado da personalidade humana, a qual Ricoeur provou ser uma forma de existência constitutivamente dependente de um emaranhado entre sua alteridade interna e externa, e sua condição de resistência. Seguindo a linha de argumentação do psiquiatra e filósofo Thomas Fuchs, pode-se dizer também que o ser humano, através da perda do senso de sua personalidade no presente, cada vez em crises de sentido e patologias em sua existência, faz com que ele tenha esgotado seu senso de individualidade e personalidade. Ele quase não se percebe mais como um *Eu no tempo* e – para usar as palavras de Ricoeur – não desenvolve mais uma identidade aberta que é afetada pelo inexplicável e diferente e ao mesmo tempo que isso integra. Dessa forma, ele corre o risco de fundir sua singularidade e distinção nas séries de imagens produzidas e reproduzidas serialmente nas práticas de mídia digital, fragmentando sua identidade.

Diante do pano de fundo das análises diagnósticas sobre o cultural e teóricas sobre o sujeito humano mostradas acima, a visão tecnológica de produzir uma cópia da consciência humana em um meio de armazenamento digital parece apenas a ideia – ainda basicamente inofensiva – de uma mudança na forma do sujeito, da qual resulta que possa ser transformada e melhorada por práticas digitais de poder analógico.

Mas ao contrário, com novos esclarecimentos sobre a digitalização, pode-se ver que o desafio real é de um tipo completamente diferente: não se dá a potencialização ou a abolição de formas analógicas de vida (e sua corporeidade), mas sim a radical transformação de sua materialidade e forma de vida real em uma materialidade produzida tecnologicamente e, portanto, uma materialidade que pode ser simulada e manipulada, que agora passa a ocupar o lugar do corpo natural e, no entanto, solapa permanentemente a constituição significativa do sujeito - este é realmente o relevante cenário de uma transgressão do humano, uma cultura tal como a conhecemos agora, sob o signo da digitalidade.

O ponto das considerações aqui apresentadas sugere assim que as pessoas podem e devem imaginar a digitalização e carregamento da mente no sentido de transformar sua existência em um produto cultural, mas não para realmente progredirem ali, e sim para justamente impedirem a caminhada dessa distopia pintada diante dos olhos. É o que procuram mostrar principalmente as considerações levantadas em torno da hermenêutica do Eu em Paul Ricoeur. Não exploraram um Eu que *se perde sem descanso* para os outros e para as outras coisas, ou seja, para experiências de alteridade resistentes, perturbadoras, inspiradoras ou agradecidas, mas sim uma identidade aberta do Eu, que por um lado se entrega à sua existência *no tempo* e por outro lado, em um relacionamento produtivo, ou seja, des- e re-centralizador com os outros, é capaz de voltar e se aproximar de si mesmo repetidamente.

REFERÊNCIAS

AGAR, Nicholas. "Ray Kurzweil and Uploading: Just Say No!". *Journal of Evolution and Technology*, 22: 23-36, 2011.

AKASHE-BÖHME, Farideh; BÖHME, Gernot. *Mit Krankheit leben. Von der Kunst, mit Schmerz und Leid umzugehen.* Munique: Beck C. H., 2005.

AUREL, Marc. *Wege zu sich selbst*. Frankfurt: Insel, 2011.

BAKER, Lynne R. "Persons and the Metaphysics of Resurrection". *Religious Studies*, 43: 333-348, 2007.

______. *Naturalism and the First-Person Perspective*. Oxford: Oxford University Press, 2013.

BARAD, Karen. "Agential Realism. How Material-Discursive Practices Matter". *Signs. Journal of Woman in Culture and Society*, 28: 803-831, 2003.

______. *Meeting the Universe Halfway*. Durham: Duke University Press, 2007.

______. "Posthumanist Performativity. Toward an Understanding of How Matter Comes to Matter". *Signs. Journal of Woman in Culture and Society*, 28: 803-831, 2003.

BARTH, Ulrich. "Selbstbewußtsein und Seele". *Zeitschrift für Theologie und Kirche*, 101: 198-217, 2004.

BAUER, William A. "Against Branching Identity". *Philosophia*, 45: 1709-1719, 2017.

BECKER, Patrick. *In der Bewusstseinsfalle? Geist und Gehirn in der Diskussion von Theologie, Philosophie und Naturwissenschaften*. Göttingen: Vandenhoeck & Ruprecht, 2009.

______. "Zu einer Bestimmung von 'Freiheit', 'Kreativität' und 'Liebe' unter den naturalistischen Kausalitätsbedingungen". *In*: HERKENRATH, Ulrich (ed.). *Zufall in der belebten Natur. Beiträge eines interdisziplinären* (Simpósios, Novembro 2015). Hennef: Roman Kovar Verlag, 2018, p. 185-200.

BERNAL, John D. *The World, the Flesh & the Devil. An Enquiry into the Future of the Three Enemies of the Rational Soul* (1929). La Vergne: Verso, 2018.

BERTSEKAS, Dimitri P. *Nonlinear Programming*. Belmont: Athena Scientific, 2016.

BLOCH, Ernst. *Das Prinzip Hoffnung* (1959). Frankfurt: Suhrkamp, 2001.

BLOCK, Ned. "On A Confusion about A Function of Consciousness". *Behavioral and Brain Sciences*, 18: 227-247, 1995.

BLUMENBERG, Hans. *Beiträge zum Problem der Ursprünglichkeit der mittelalterlich-scholastischen Ontologie* (DAHLKE, Benjamin; LAARMANN, Matthias [eds.]). Berlim: Suhrkamp, 2020.

______. "Wirklichkeitsbegriff und Möglichkeit des Romans". *In*: HAVERKAMP, Anselm (ed.). *Ästhetische und metaphorologische Schriften*. Frankfurt: Suhrkamp, 2001, p. 47-73.

BOSTROM, Nick. "Are You Living in a Computer Simulation?". *Philosophical Quarterly*, 53: 243-255, 2003.

______. "Introduction – The Transhumanist FAQ. A General Introduction". *In*: MERCER, C.; MAHER, D. (eds.). *Transhumanism and the Body. The World Religions Speak*. Basingstoke: Palgrave Macmillan, 2014, p. 1-17.

______. *Superintelligence. Paths, Dangers, Strategies*. Oxford: Oxford University Press, 2014.

______. "The Future of Humanity". *In*: OLSEN, Jan-Kyrre Berg; SELINGER, Evan; RIIS, Søren (eds.). *New Waves in Philosophy of Technology*. Nova Iorque: Palgrave MacMillan, 2009, p. 1-29.

BREMMER, Jan N. "Die Karriere der Seele. Vom antiken Griechenland ins moderne Europa". *In*: KIPPENBERG, Hans G.; RÜPKE, Jörg; STUCKRAD, Kocku von (eds.). *Europäische Religionsgeschichte. Ein mehrfacher Pluralismus*. Göttingen: UTB GmbH, v. 2, 2009, p. 497-524.

BRENTANO, Franz. *Psychologie vom empirischen Standpunkt*. Hamburgo: Meiner, v. 1, 1973.

BREYER, Thiemo. "Philosophie der Verkörperung. Grundlagen und Konzepte". *In*: ETZELMÜLLER, Gregor; WEISSENRIEDER, Annette (eds.). *Verkörperung als Paradigma theologischer Anthropologie*. Berlim: De Gruyter, 2016, p. 29-50.

BRÜNTRUP, Godehard. *Das Leib-Seele-Problem. Eine Einführung.* Stuttgart: Kohlhammer, 2012.

BÜHLER, Pierre. "Das aufgerufene Selbst nach Ricoeur – als Antwort auf die Krise der Subjektivität". *In*: DALFERTH, Ingolf U.; STOELLGER, Philipp (eds.). *Krisen der Subjektivität. Problemfelder eines strittigen Paradigmas.* Tubinga: Mohr Siebeck, 2005, p. 261-272.

BULTMANN, Rudolf. "Welchen Sinn hat es, von Gott zu reden?". *Theologische Blätter*, 4: 129-135, 1925.

BUTLER, Judith. *Bodies That Matter: On the Discursive Limits of Sex.* Nova Iorque: Routledge, 1993.

______. *Gender Trouble. Feminism and the Subversion of Identity.* Londres: Routledge, 1990.

CAPPUCCIO, Massimiliano L. "Mind-Upload. The Ultimate Challenge to the Embodied Mind Theory". *Phenomenology and the Cognitive Sciences*, 16: 425-448, 2017.

CASSIRER, Ernst. *Philosophie der symbolischen Formen* (RECKI, Birgit [ed.]). Hamburgo: Meiner, v. 3, 2001-2002.

CERULLO, Michael A. "Uploading and Branching Identity". *Minds and Machines*, 25: 17-36, 2015.

CHALMERS, David J. "Absent Qualia, Fading Qualia, Dancing Qualia". *In*: METZINGER, Thomas (ed.). *Conscious Experience.* Paderborn: Imprint Academic, 1995, p. 309-330.

______. "Consciousness and its Place in Nature". *In*: STICH, Stephen P. (ed.). *The Blackwell Guide to Philosophy of Mind*. Malden: Wiley-Blackwell, 2003, p. 102-142.

______. "The Singularity. A Philosophical Analysis". *Journal of Consciousness Studies*, 17: 9-10; 7-65, 2010.

CHURCH, Alonzo. "A Note on the Entscheidungsproblem". *Journal of Symbolic Logic*, 1: 40-41, 1936.

CHURCHLAND, Paul M. *Die Seelenmaschine. Eine philosophische Reise ins Gehirn*. Trad. Markus Numberger. Berlim: Spektrum, 2001.

CLARK, Andy. *Supersizing the Mind. Embodiment, Action and Cognitive Extension*. Oxford: Oxford University Press, 2011.

CLARK, Andy; CHALMERS, David J. "The Extended Mind". *Analysis*, 58: 10-23, 1998.

CORABI, Joseph; SCHNEIDER, Susan. "The Metaphysics of Uploading". *Journal of Consciousness Studies*, 19: 7-8; 26-44, 2012.

DAVIDSON, Donald. "Knowing One's Own Mind". *Proceedings and Addresses of the American Philosophical Association*, 60: 441-458, 1987.

______. "Mental Events". *In*: FOSTER, Lawrence; SWANSON, Joe William (eds.). *Experience and Theory*. Amherst: University of Massachusetts Press, 1970, p. 207-224.

DAVIS, Martin. "The Myth of Hypercomputation". *In*: TEUSCHER, Christof (ed.). *Life and Legacy of a Great Thinker.* Heidelberg: Springer, 2004, p. 195-211.

DENNETT, Daniel. *Spielarten des Geistes.* Trad. Sebastian Vogel. Munique: Goldmann, 2001.

DERRIDA, Jacques. "Glaube und Wissen. Die beiden Quellen der Religion an den Grenzen der bloßen Vernunft". *In*: VATTIMO, Gianni (ed.). *Die Religion*. Trad. Alexander G. Düttmann. Frankfurt: Suhrkamp Verlag, 2001, p. 9-106.

DESCARTES, René. *Meditationen mit sämtlichen Einwänden und Erwiderungen*. Trad. Christian Wohlers. Hamburgo: Meiner, 2009.

DÜRNBERGER, Martin. *Die Dynamik religiöser Überzeugungen. Postanalytische Epistemologie und Hermeneutik im Gespräch mit Robert B. Brandom*. Paderborn: Brill mentis, 2017.

ELGER, Christian E. *et al.* "Hirnforschung im 21. Jahrhundert: Das Manifest. Elf führende Neurowissenschaftler über Gegenwart und Zukunft der Hirnfors-chung". *Gehirn & Geist*, 6: 30-39, 2004.

ESFELD, Michael. *Philosophie des Geistes. Eine Einführung*. Berna: Bern Studies, 2005.

ETZELMÜLLER, Gregor; FUCHS, Thomas; TEWES, Christian (eds.). *Verkörperung – eine neue interdisziplinäre Anthropologie.* Berlim: De Gruyter, 2017.

ETZELMÜLLER, Gregor; WEISSENRIEDER, Annette (eds.). *Verkörperung als Paradigma theologischer Anthropologie.* Berlim: De Gruyter, 2016.

FIELD, Harry H. *Realism, Mathematics, and Modality*. Oxford: Wiley--Blackwell, 1989.

FINGERHUT, Jörg; HUFENDIEK, Rebekka (eds.). *Philosophie der Verkörperung. Grundlagentexte zu einer aktuellen Debatte*. Berlim: Suhrkamp, 2013.

FOUCAULT, Michel. "Genealogie der Ethik". *In*: DREYFUS, Hubert L.; RABINOW, Paul (eds.). *Jenseits von Strukturalismus und Hermeneutik*. Frankfurt: Athenäum, 1987.

FUCHS, Thomas. *Das Gehirn – ein Beziehungsorgan. Eine phänomenologisch-ökologische Konzeption*. Stuttgart: Kohlhammer, 2013.

______. "Kosmos im Kopf? Neurowissenschaften und Menschenbild". *Zeitschrift für medizinische Ethik*, 1: 3-14, 2006.

______. *Leib, Raum, Person. Entwurf einer phänomenologischen Anthropologie*. Stuttgart: Klett-Cotta, 2000.

______. *Randzonen der Erfahrung. Beiträge zur phänomenologischen Psychopathologie*. Friburgo: Karl Alber, 2020.

______. "The Feeling of Being Alive. Organic Foundations of Self-Awareness". *In*: FINGERHUT, Jörg; MARIENBERG, Sabine (eds.). *Feelings of Being Alive*. Berlim: De Gruyter, 2012, p. 149-166.

______. "Verkörpertes Wissen – verkörpertes Gedächtnis". *In*: ETZELMÜLLER, Gregor; FUCHS, Thomas (eds.). *Verkörperung – eine neue interdisziplinäre Anthropologie*. Berlim: De Gruyter, 2017, p. 57-78.

______. *Verteidigung des Menschen. Grundfragen einer verkörperten Anthropologie*. Berlim: Suhrkamp, 2020.

FUENTES, Agustín; WYCZALKOWSKI, Matthew A.; MACKINNON, Katherine. "Niche Construction through Cooperation. A Nonlinear Dynamics Contribution to Modeling Facets of the Evolutionary History in the Genus Homo". *Current Anthropology*, 51: 435-444, 2010.

______. "A New Synthesis. Resituating Approaches to the Evolution of Human Behaviour". *Anthropology Today*, 25: 12-17, 2009.

FUKUYAMA, Francis. *Identity. The Demand for Dignity and the Politics of Resentment*. Londres: FSG, 2018.

GABRIEL, Markus. *Moralischer Fortschritt in dunklen Zeiten*. Berlim: Ullstein, 2020.

GASSER, Georg. "Die Aktualität des Seelenbegriffs". *In*: QUITTERER, Josef (ed.). *Die Aktualität des Seelenbegriffs. Interdisziplinäre Zugänge.* Paderborn: Ferdinand Schoeningh, 2010, p. 9-27.

______. "Simple Subjects, the First-Person-Perspective and Persistence". *In*: BUONOMO, Valerio (ed.). *The Persistence of Persons. Studies in the Metaphysics of Personal Identity Over Time.* Neunkirchen-Seelscheid: Editiones Scholasticae, 2017, p. 91-114.

______. "Zum Verhältnis von personaler Identität und praktischer Rationalität". *In*: SCHMIDHUBER, Martina (ed.). *Personale Identität, Narrativität und praktische Rationalität. Die Einheit der Person aus metaphysischer und praktischer Perspektive.* Münster: Brill mentis, 2013, p. 11-38.

GEHLEN, Arnold. *Moral und Hypermoral.* Frankfurt: Vittorio Klostermann, 2004.

GIERER, Alfred. *Im Spiegel der Natur erkennen wir uns selbst. Wissenschaft und Menschenbild.* Hamburgo: Rowohlt, 1998.

GOODFELLOW, Ian J.; BENGIO, Yoshua. *Deep Learning.* Cambridge: MIT Press, 2016.

GRIER, David Alan. *When Computers Were Human.* Princeton: Princeton University Press, 2005.

GUGUTZER, Robert. "Die Sakralisierung des Profanen. Der Körperkult als individualisierte Sozialform des Religiösen". *In*: BÖTTCHER, Moritz (ed.). *Körper, Sport und Religion. Zur Soziologie religiöser Verkörperungen.* Wiesbaden: Springer, 2012, p. 285-308.

HARAWAY, Donna J. "Manifesto for Cyborg. Science, Technology, and Socialist Feminism in the 1980's". *Socialist Review*, 80: 65-108, 1985.

______. *Simians, Cyborgs, and Women. The Reinvention of Nature.* Londres: Routledge, 1991.

HASTIE, Trevor; TIBSHIRANI, Robert; FRIEDMAN, Jerome. *The Elements of Statistical Learning. Data Mining, Inference, and Prediction.* Berlim: Springer, 2008.

HAUSKELLER, Michael. "My Brain, My Mind, and I. Some Philosophical Problems of Mind-Uploading". *International Journal of Machine Consciousness*, 4: 187-200, 2012.

HEIDEGGER, Martin. *Beiträge zur Philosophie - (Gesamtausgabe III/65)*. Frankfurt: Vittorio Klostermann, 1989.

______. *Holzwege (Gesamtausgabe I/5)*. Frankfurt: Vittorio Klostermann, 1979.

______. *Wegmarken. Brief über den Humanismus (Gesamtausgabe I/9)*. Frankfurt: Vittorio Klostermann, 2005.

HENRIKSEN, Jan-Olav. *Life, Love and Hope. God and Human Experience*. Grand Rapids: Eerdmans, 2014.

HERDER, Johann Gottfried. *Vom Erkennen und Empfinden der menschlichen Seele (Vol. IV)*. Frankfurt: Deutscher Klassiker, 1994.

HIMMELBACH, Marc. "Der Mensch denkt. Möglichkeiten und Grenzen der bildgebenden Hirnforschung". *In*: AUDRETSCH, Jürgen; NAGORNI, Klaus (eds.). *Der Mensch und sein Gehirn. Möglichkeiten und Grenzen der Neurowissenschaften (Herrenalber Forum 73)*. Karlsruhe: Evangelische Akademie, 2013, p. 12-68.

HORGAN, Terry. "Functionalism, Qualia, and the Inverted Spectrum". *Philosophy and Phenomenological Research*, 44: 453-69, 1984.

HORKHEIMER, Max. "Bemerkungen zur Liberalisierung der Religion". *In*: SCHATZ, Oskar (ed.). *Hat die Religion Zukunft?* Graz: Styria, 1971, p. 113-119.

HORTON, Robin. "Tradition and Modernity Revisited". *In*: HOLLIS, Martin; LUKES, Steven (eds.). *Rationality and Relativism*. Cambridge: MIT Press, 1982, p. 201-260.

HUSSERL, Edmund. *Die Krisis der europäischen Wissenschaften und die transzendentale Phänomenologie* (*Husserliana VI*). BIEMEL, Walter (ed.). Haia: Springer, 1976.

______. *Ideen zu einer reinen Phänomenologie und phänomenologischen Philosophie (Husserliana III)*. SCHUMANN, Karl (ed.). Haia: Springer, 1976.

HUXLEY, Julian. "Transhumanism". *In*: *New Bottles for New Wine. Essays*. Londres: Chatto & Windus, 1957, p. 13-18.

INGOLD, Tim. *Lines. A Brief History*. Londres: Routledge, 2007.

______. *The Life of Lines*. Londres: Routledge, 2015.

IRRGANG, Bernhard. *Posthumanes Menschsein? Künstliche Intelligenz, Cyberspace, Roboter, Cyborgs und Designer-Menschen – Anthropologie des künstlichen Menschen im 21. Jahrhundert*. Munique: Franz Steiner, 2005.

JASPERS, Karl. *Philosophie, vol. II: Existenzerhellung.* Berlim: Springer, 1973.

JONAS, Hans. *Das Prinzip Leben*. Frankfurt: Suhrkamp, 1997.

JUNG, Matthias. *Symbolische Verkörperung. Die Lebendigkeit des Sinns.* Tubinga: Mohr Siebeck, 2017.

KANDEL, Eric R. *et al. Principles of Neural Science.* Nova Iorque: McGraw Hill, 2013.

KANITSCHEIDER, Bernulf. *Entzauberte Welt. Über den Sinn des Lebens in uns selbst. Eine Streitschrift*. Stuttgart: S. Hirzel, 2008.

KANT, Immanuel. *Kritik der praktischen Vernunft* (1788). Hamburgo: Philosophische Bibliothek, 1985; *In*: *Katechismus der Katholischen Kirche* (compêndio). Munique: Oldenbourg, 1993.

KHATCHADOURIAN, Raffi. "The Doomsday Invention. Will Artificial Intelligence Bring Us Utopia or Destruction?". *The New Yorker*, 91/37: 64-79, 2015.

KLÄDEN, Tobias. *"Was mein Leben bestimmt? Ich!" Lebens- und Glaubenswelten junger Menschen heute*. Hannover: Sozialwissenschaftliches Institut der Evangelischen Kirche in Deutschland, 2018.

KLENKE, Achim. *Probability Theory: A Comprehensive Course.* Nova Iorque: Springer, 2013.

KNAUP, Marcus; SPÄT, Patrick; MÜLLER, Tobias (eds.). *Post-Physikalismus.* Friburgo: Karl Alber, 2011.

______. "'Schwarzbrot für das himmlische Hochzeitsmahl' – Josef Pieper und Thomas von Aquin über die Letzten Dinge". *In*: MÖLLENBECK, Thomas; WALD, Berthold (eds.). *Tod und Unsterblichkeit. Erkundungen mit C.S. Lewis und Josef Pieper.* Paderborn: Brill Schoningh, 2015, p. 96-111.

______. "Aristoteles und die Seele als Entelechie". *In*: BENETKA, Gerhard; WERBIK, Hans (eds.). *Die philosophischen und kulturellen Wurzeln der Psychologie. Traditionen in Europa, Indien und China*. Gießen: Psychosozial, 2018, p. 15-39.

KNOBLAUCH, Hubert. *Populäre Religion. Auf dem Weg in eine spirituelle Gesellschaft*. Frankfurt: Campus, 2009.

KOCH, Anton F. *Wahrheit. Zeit und Freiheit. Einführung in eine philosophische Theorie*. Paderborn: Brill mentis, 2006.

KULL, Anne. "Cyborg Embodiment and the Incarnation". *Currents in Theology and Mission*, 28: 279-284, 2001.

KURZWEIL, Ray. *The Age of Spiritual Machines. When Computers Exceed Human Intelligence*. Nova Iorque: Penguin Putnam, 1999.

______. *The Singularity Is Near. When Humans Transcend Biology*. Nova Iorque: Penguin Books, 2005.

______. "Werden wir ewig leben, Mr. Kurzweil?". *In*: HÜLSWITT, Tobias; BRINZANIK, Roman (eds.). *Werden wir ewig leben? Gespräche über die Zukunft von Mensch und Technologie*. Berlim: Suhrkamp, 2010, p. 15-34.

LALAND, Kevin N. *et al*. "Does Evolutionary Theory Need a Rethink?". *Nature*, 514: 161-164, 2014.

LA METTRIE, Julien Offray de. *L'homme machine (1748); zweisprachige Ausgabe: Die Machine Mensch (Philosophische Bibliothek 407)*. BECKER, Claudia (ed.). Hamburgo: Meiner, 2009.

LANDGREBE, Jobst; SMITH, Barry. *Why Machines Will Never Rule the World*. Londres: Routledge, 2022.

LENZEN, Wolfgang. "Schatten über dem Geist eine kritische Rezension der Bücher von Roger Penrose". *Kognitionswissenschaft*, 6: 35-46, 1997.

LIBET, Benjamin. *Mind Time. Wie das Gehirn Bewusstsein produziert*. Frankfurt: Suhrkamp, 2005.

LOH, Janina. *Trans- und Posthumanismus zur Einführung*. Hamburgo: Junius, 2019.

MAINZER, Klaus. "Die Wissenschaften vom Künstlichen und Komplexen: Synthetische Biologie als Technikwissenschaft des 21. Jahrhunderts". *In*: VOIGT, Friedemann (ed.). *Grenzüberschreitungen – Synthetische Biologie im Dialog*. Friburgo: Karl Alber, 2015, p. 55-74.

MAIO, Giovanni. "Gefangen im Übermaß an Ansprüchen und Verheißungen. Zur Bedeutung des Schicksals für das Denken der modernen Medizin". *In*: *Abschaffung des Schicksals*. Friburgo: Herder, 2016, p. 10-48.

MANN, Thomas. "Lob der Vergänglichkeit". *In*: *Gesammelte Werke in 13 Bänden. Vol. X: Reden und Aufsätze II.* Frankfurt: Karl-May, 1990, p. 383-385.

MEIXNER, Uwe. "Die Aktualität Husserls für die moderne Philosophie des Geistes". *In*: NEWEN, Albert (ed.). *Seele, Denken, Bewusstsein. Zur Geschichte der Philosophie des Geistes*. Berlim: De Gruyter, 2003, p. 308-388.

MENKE, Christoph. "Die Idee der Selbstverwirklichung". *In*: JOAS, Hans; WIEGANDT, Klaus (eds.). *Die kulturellen Werte Europas.* Frankfurt: Fischer-Taschenbuch, 2004, p. 304-352.

MERLEAU-PONTY, Maurice. *Phänomenologie der Wahrnehmung.* Berlim: De Gruyter, 1974.

MORAVEC, Hans. "Körper, Roboter, Geist". *In*: IGLHAUT, Stefan; MEDOSCH, Armin; RÖTZER, Florian (eds.). *Stadt am Netz. Ansichten von Telepolis.* Mannheim: Bollmann, 1996, p. 91-117.

______. *Mind Children. The Future of Robot and Human Intelligence.* Cambridge: Harvard University Press, 1988.

______. *Robot. Mere Machine to Transcendent Mind*. Nova Iorque: Oxford University Press, 1999.

MORE, Max. "Vom biologischen zum posthumanen Wesen". *Telepolis*, 17 jul. 1996. Disponível em: https://www.heise.de/tp/features/Vom-biologischen-Menschen-zum-posthumanen-Wesen-3563295.html.

MÜHLING, Markus. *Gott ist Liebe.* Marburgo: N. G. Elwert, 2005.

______. *Liebesgeschichte Gott. Systematische Theologie im Konzept*. Gotinga: Vandenhoeck & Ruprecht, 2013.

______. *Post-Systematische Theologie, vol. I: Denkwege – eine theologische Philosophie.* Leiden: Brill Fink, 2020.

______. *Resonances. Neurobiology, Evolution and Theology. Evolutionary Niche Construction, the Ecological Brain and Relational-Narrative Theology.* Gotinga: Vandenhoeck & Ruprecht, 2014.

______. *The T&T Clark Handbook of Christian Eschatology*. Nova Iorque: T&T Clark, 2015.

MÜLLER, Max. *Erfahrung und Geschichte*. Friburgo: De Gruyter, 1971.

NASSEHI, Armin. *Muster. Theorie der digitalen Gesellschaft*. Munique: Beck C. H., 2019.

NIDA-RÜMELIN, Martine. "Consciousness and Non-Descriptive Individuality". *In*: GASSER, Georg; STEFAN, Matthias (eds.). *Personal Identity. Complex or Simple?* Cambridge: Cambridge University Press, 2012, p. 157-176.

MICHAEL, Nielsen; CHUANG, Isaac. *Quantum Computation and Quantum Information*. Nova Iorque: Cambridge University Press, 2010.

O'CONNELL, Mark. *Unsterblich sein. Reise in die Zukunft des Menschen*. Munique: Hanser, 2017.

ODLING-SMEE, F. John; LALAND, Kevin N.; FELDMAN, Marcus W. *Niche Construction. The Neglected Process in Evolution (Monographs in Population Biology 37)*. Princeton: Princeton University Press, 2003.

OLSON, Eric T. *The Human Animal. Personal Identity without Psychology*. Nova Iorque: Oxford University Press, 1997.

______. *What Are We? A Study in Personal Ontology*. Oxford: Oxford University Press, 2007.

PARFIT, Derek. *Reasons and Persons*. Oxford: Oxford University Press, 1984.

PAUEN, Michael. *Illusion Freiheit? Mögliche und unmögliche Konsequenzen der Hirnforschung*. Frankfurt: Fischer Taschenbuch, 2004.

PETERS, Ted. *Anticipating Omega. Science, Faith and our Ultimate Future*. Göttingen: Vandenhoeck & Ruprecht, 2006.

PICKEL, Gert. "Religion, Religionslosigkeit und Atheismus in der deutschen Gesellschaft – eine Darstellung auf der Basis sozial-empirischer Untersuchungen". *In*: THÖRNER, Katja; THURNER, Martin (eds.). *Religion, Konfessionslosigkeit und Atheismus*. Friburgo: Herder, 2016, p. 179-224.

PIEPER, Josef. "Hoffnung und Geschichte. Fünf Salzburger Vorlesungen". *In*: *Kulturphilosophische Schriften (Werke, vol. VI)*. Hamburgo: Meiner, 1999, p. 375-440.

PIGLIUCCI, Massimo. "Mind Uploading. A Philosophical Counter-Analysis". *In*: BLACKFORD, Russell; BRODERICK, Damien (eds.).

Intelligence Unbound. The Future of Uploaded and Machine Minds. Chichester: Wiley-Blackwell, 2014, p. 119-130.

PINI, Giorgio. "The Individuation of Angels from Bonaventure to Duns Scotus". *In*: HOFFMANN, Tobias (ed.). *A Companion to Angels in Medieval Philosophy (Brill's Companions to the Christian Tradition 35)*. Leiden: Brill, 2012, p. 79-115.

PIRNER, Manfred L. *Homo medialis. Perspektiven und Probleme einer Anthropologie der Medien*. Munique: Kopaed, 2003.

PLESSNER, Helmuth. *Die Stufen des Organischen und der Mensch. Einleitung in die philosophische Anthropologie*. Berlim: De Gruyter, 1975.

PREPARATA, Guido. *The Ideology of Tyranny: Bataille, Foucault, and the Postmodern Corruption of Political Dissent*. Berlim: Palgrave Macmillan, 2007.

PRESTON, John; BISHOP, Mark (eds.). *Views into the Chinese Room. New Essays on Searle and Artificial Intelligence*. Oxford: Oxford University Press, 2002.

PRIGOGINE, Ilya. *Introduction to Thermodynamics of Irreversible Processes*. Springfield: Charles C. Thomas, 1955.

PRINZ, Wolfgang. "Der Mensch ist nicht frei. Ein Gespräch". *In*: GEYER, Christian (ed.). *Hirnforschung und Willensfreiheit. Zur Deutung der neuesten Experimente*. Frankfurt: Suhrkamp, 2004, p. 20-26.

PUTNAM, Hilary. *Reason, Truth, and History*. Cambridge: Cambridge University Press, 1981.

QUANTE, Michael (ed.). *Personale Identität*. Paderborn: UTB, 1999.

RAGER, Günter. "Neuronale Korrelate von Bewusstsein und Selbst". *In*: QUITTERER, Josef; RUNGGALDIER, Edmund (eds.). *Unser Selbst. Identität im Wandel der neuronalen Prozesse*. Paderborn: Brill Schoningh, 2003, p. 15-59.

RECKWITZ, Andreas. *Das Ende der Illusionen. Politik, Ökonomie und Kultur in der Spätmoderne*. Berlim: Suhrkamp, 2020.

______. *Die Gesellschaft der Singularitäten. Zum Strukturwandel der Moderne*. Berlim: Suhrkamp, 2017.

RICOEUR, Paul. *Das Selbst als ein Anderer, übers*. Trad. Jean Greisch. Munique: Brill Fink, 2005.

ROTH, Gerhard. *Fühlen, Denken, Handeln. Wie das Gehirn unser Verhalten steuert*. Frankfurt: Suhrkamp, 2003.

ROTHBLATT, Martine. "Mind is Deeper than Matter. Transgenderism, Transhumanism and the Freedom of Form". *In*: MORE, Max; VITA-MORE, Natasha (eds.). *The Transhumanist Reader*. Oxford: Wiley-Blackwell, 2013, p. 317-326.

RUSSELL, Bertrand. *The Analysis of Mind*. Londres: Createspace, 2019.

SCHECHTMAN, Marya. *Staying Alive. Personal Identity, Practical Concerns, and the Unity of a Life*. Nova Iorque: Oxford University Press, 2014.

SCHELER, Max. *Die Stellung des Menschen im Kosmos*. Berna: Meiner, 1962.

SCHOPENHAUER, Arthur. *Die Welt als Wille und Vorstellung*. Berlim: Anaconda, 2014.

SCHULZE, Gerhard. *Die Erlebnisgesellschaft*. Frankfurt: Campus, 1992.

SCHULZE-MAKUCH, Dirk; IRWIN, Louis N. *Life in the Universe. Expectations and Constraints (Advances in Astrobiology and Biogeophysics)*. Berlim: Springer, 2008.

SCHWAB, Klaus; MALLERET, Thierry. *COVID-19: The Great Reset*. Davos: World Economic Forum, 2020.

SEARLE, John R. "Ich verstehe nicht ein Wort Chinesisch". *In*: BLACKMORE, Susan (ed.). *Gespräche über Bewußtsein*. Frankfurt: Suhrkamp, 2007, p. 277-296.

______. "Minds, Brains, and Programs". *Behavioral and Brain Sciences*, 3: 417-457, 1980.

SHAPIRO, Lawrence. *The Mind Incarnate*. Cambridge: Bradford Books, 2004.

SIMON, Herbert A. *Die Wissenschaften vom Künstlichen*. Berlim: Springer, 1990.

SINGER, Wolf. "Auf der Suche nach der Verbindung zwischen Materie und Geist". *In*: HÜLSWITT, Tobias; BRINZANIK, Roman (eds.). *Werden wir ewig leben? Gespräche über die Zukunft von Mensch und Technologie*. Berlim: Suhrkamp, 2010, p. 158-186.

SONG, Robert. *Human Genetics. Fabricating the Future*. Cleveland: Darton, Longman & Todd, 2002.

SORGNER, Stefan L. *Schöner neuer Mensch*. Berlim: Nicolai, 2018.

STALDER, Felix. *Kultur der Digitalität*. Berlim: Suhrkamp, 2017.

______. "Von der repräsentativen zur vernetzten Demokratie". *Stimme. Zeitschrift der Initiative Minderheiten*, 112: 26-28, 2019.

STEINHART, Eric. "Survival as a Digital Ghost". *Minds and Machines*, 17: 261-271, 2007.

STIRNER, Max. *Der Einzige und sein Eigentum*. Berlim: Reclam, 1924.

TAYLOR, Charles. *Quellen des Selbst. Die Entstehung der neuzeitlichen Identität*. Frankfurt: Suhrkamp, 2005.

______. *The Ethics of Authenticity*. Cambridge: Harvard University Press, 1992.

THURNER, Stefan; HANEL, Rudolf; KLIMEK, Peter. *Introduction to the Theory of Complex Systems.* Oxford: Oxford University Press, 2018.

THWEATT-BATES, Jeanine. *Cyborg Selves: A Theological Anthropology of the Posthuman*. Farnham: Routledge, 2013.

TIPLER, Frank J. *The Physics of Immortality. Modern Cosmology, God and the Resurrection of the Dead*. Nova Iorque: Macmillan, 1994.

TURING, Alan M. "Computing Machinery and Intelligence". *Mind*, 59: 433-460, 1950.

______. "On Computable Numbers, with an Application to the Entscheidungsproblem". *Proceedings of the London Mathematical Society*, 42: 230-265, 1937.

VATTIMO, Gianni. "Das Fliegenglas, das Netz, die Revolution und die Aufgaben der Philosophie. Ein Gespräch mit 'Lotta continua'". *In*: *Jenseits vom Subjekt. Nietzsche, Heidegger und die Hermeneutik*. Wien: Passagen, 1986, p. 15-35.

VERNANT, Jean-Pierre. "Individuum, Tod, Liebe. Das Selbst und der andere im alten Griechenland". *In*: JANOWSKI, Bernd (ed.). *Der ganze Mensch. Zur Anthropologie der Antike und ihrer europäischen Nachgeschichte*. Berlim: De Gruyter, 2012, p. 155-172.

VON ENGELHARDT, Dietrich. *Mit der Krankheit leben: Grundlagen und Perspektiven der Copingstrukturen des Patienten*. Heidelberg: für Medizin Dr. Ewald Fischer, 1986.

WATERS, Brent. *From Human to Posthuman. Christian Theology and Technology in a Postmodern World*. Farnham: Routledge, 2016.

WELTE, Bernhard. "Besinnung im Wandel. Über die Stellung und Aufgabe des älteren Menschen in unserer Gesellschaft". *In*: *Gesammelte Schriften, vol. I/3: Leiblichkeit, Endlichkeit und Unendlichkeit*. Friburgo: Herder, 2006, p. 116-123.

______. "Leiblichkeit als Hinweis auf das Heil in Christus". *In*: *Gesammelte Schriften, vol. I/3: Leiblichkeit, Endlichkeit und Unendlichkeit*. Friburgo: Herder, 2006, p. 82-113.

WULF, Christoph. "Präsenz und Absenz. Prozeß und Struktur in der Geschichte der Seele". *In*: JÜTTEMANN, Gerd; SONNTAG, Michael; WULF, Christoph (eds.). *Die Seele. Ihre Geschichte im Abendland*. Gotinga: Vandenhoeck & Ruprecht, 2005, p. 5-12.

ŽIŽEK, Slavoj. *Absolute Recoil. Towards A New Foundation of Dialectical Materialism*. Londres: Verso, 2014.

______. *Disparities*. Londres: Bloomsbury Academic, 2016.

______. *Less Than Nothing. Hegel and the Shadow of Dialectical Materialism*. Londres: Verso, 2012.

______. *The Parallax View*. Cambridge: MIT Press, 2009.

______. *The Puppet and the Dwarf. The Perverse Core of Christianity*. Cambridge: MIT Press, 2003.

Editores e Autores da Obra

Patrick Becker, professor de Teologia Fundamental e Estudos Religiosos na Faculdade de Teologia Católica da Universidade de Erfurt.

Georg Gasser, professor de filosofia na Faculdade Teológica Católica e na Faculdade de Filosofia e Ciências Sociais da Universidade de Augsburg, além de professor de ética médica na Universidade Médica de Innsbruck.

Ludger Jansen, professor adjunto do Instituto de Filosofia da Universidade de Rostock, onde dirige um projeto de pesquisa sobre filosofia da ciência em biônica.

Rebekka A. Klein, professora de teologia sistemática com foco em ecumenismo e dogmática na Faculdade de Teologia Protestante da Universidade do Ruhr em Bochum.

Marcus Knaup, doutor em filosofia e teologia e trabalha como assistente de pesquisa no Instituto de Filosofia da Fern-Universität em Hagen.

Jobst Landgrebe, sócio-gerente da empresa de IA Cognotekt GmbH em Colônia e pesquisador associado sênior do Centro Nacional de Pesquisa Ontológica da Universidade de Buffalo, no Estado de Nova Iorque.

Markus Mühling, professor de Teologia Sistemática na Church University em Wuppertal.

Barry Smith, professor de Filosofia, Ciência da Computação e Informática Biomédica na Universidade de Buffalo, Nova Iorque.

Editores e Autores da Obra

Outros lançamentos

A invasão do imaginário

A inteligência artificial conquista a nossa mente

João de Fernandes Teixeira

Descartes na era da informação

João de Fernandes Teixeira

Influenciadores digitais católicos

Efeitos e perspectivas

Fernanda de Faria Medeiros

Aline Amaro da Silva

Alzirinha Rocha de Souza

Moisés Sbardelotto

Vinícius Borges Gomes

(Org.)

Esta obra foi composta em sistema CTcP
Capa: Supremo 250 g – Miolo: Pólen Natural 70 g
Impressão e acabamento
Gráfica e Editora Santuário